本书为河北省社会科学基金项目冀西北地区社火研究
（HB14SH042）最终成果；
由河北省重点发展学科“农业经济管理”经费支持出版

河北省社会科学基金项目

A Study on the Social Fire in the Northwest of Hebei Province

冀西北地区社火研究

梁俊仙 / 著

中国财经出版传媒集团
经济科学出版社
Economic Science Press

图书在版编目（CIP）数据

冀西北地区社火研究/梁俊仙著．—北京：经济科学出版社，2018.6

ISBN 978 - 7 - 5141 - 9449 - 4

Ⅰ．①冀…　Ⅱ．①梁…　Ⅲ．①社火 - 研究 - 张家口　Ⅳ．①K892.18

中国版本图书馆 CIP 数据核字（2018）第 128602 号

责任编辑：刘　莎
责任校对：杨　海
责任印制：邱　天

冀西北地区社火研究
梁俊仙　著
经济科学出版社出版、发行　新华书店经销
社址：北京市海淀区阜成路甲 28 号　邮编：100142
总编部电话：010 - 88191217　发行部电话：010 - 88191522
网址：www.esp.com.cn
电子邮件：esp@esp.com.cn
天猫网店：经济科学出版社旗舰店
网址：http：//jjkxcbs.tmall.com
北京财经印刷厂印装
880×1230　32 开　7.375 印张　150000 字
2018 年 6 月第 1 版　2018 年 6 月第 1 次印刷
ISBN 978 - 7 - 5141 - 9449 - 4　定价：28.00 元
（图书出现印装问题，本社负责调换。电话：010 - 88191510）

前　言

民间有句俗语："老百姓，要快活，赶会、唱戏、耍社火。""耍社火"习俗是在漫长的农耕条件下，约定俗成而逐渐形成和发展起来的文化，承载着乡民祭神祈福的信仰和愿望，是汉民族中国传统节日文化中的重大娱乐活动之一。

中国的传统文化是农耕文化，社即土地之神，火即火神，社火起源可以追溯到先秦时代生民对土地和火的崇拜。社火与秦汉时期流行的"百戏"也有密切关系，《汉文帝纂要》载："百戏起于秦汉曼衍之戏，技后乃有高絙、吞刀、履火、寻橦等也。"包括找鼎、寻橦、吞刀、吐火等各种杂技幻术，装扮人物的乐舞，装扮动物的"鱼龙曼延"以及舞蹈和器乐演奏与带有简单故事的"东海黄公"等，与社火形式已极其相似。《汉书武帝纪》中记载："元封三年春，皇家在京师举行百戏表现，""三百里内皆（来）观。"至宋代，"社火"一词正式出现，社火从祭祀活动中逐渐向民间娱乐活动靠拢，并形成了一种娱神与娱人相结合的表演形式。《东京梦华录》卷八记载：六月二十四日，灌口二郎神生日，二郎庙前露台上设乐棚，有“社火呈于露台之上”。南宋范成大《上元纪吴中节物俳谐体三十二韵》中有：“轻薄行歌过，颠狂社舞呈”之句，并自注：“民间鼓乐谓之社火，不可悉记，大抵以滑稽取笑。”社火的表演形式和文化内涵在宋代基本定型，并传承至今。明清时期的地方志中，留存有大量春节时期社火习俗资料，如《万全县志》（民国23年张家口统一商行印刷部出版）卷九“礼俗志·民俗·娱乐”条下记录：“社伙与秧歌，皆年节后民间娱乐之组织也。社伙……全班百余人，化装古今男女老少，形形色色，无奇不有，始终如一，毫无变更。更其舞也，全班乱舞，杂以锣鼓之声；其唱也，皆系片段，并无标准，完全为取乐而设，数日即止”。与今日冀西北地区流行的社火殊无二致。我们从当今的社火中可以深切地感受到祖先的生存信仰、生活方式和思维特点。

张家口地处晋冀蒙交汇，多民族杂居之地，自古是“兵家必争之地”，冀西北社火由燕赵文化、三晋文化、蒙古族文化共同浸染而成，已传承了数百年之久，既有与晋社火一脉同源，异曲同工之妙，又呈现出“尚武”的粗犷特色，明显受到蒙古族文化的影响，并有燕赵文化慷慨悲

歌的特点，呈现出多元文化杂糅、包容开放的张垣特色。具有独特的区域文化特点和深厚的文化底蕴，反映了当地人民的伦理观念和精神风貌；独特的艺术形式和丰富多彩的内容，为民俗学研究提供了宝贵的资料。习近平总书记在2013年中央城镇化工作会议上指出要“让居民望得见山、看得见水、记得住乡愁”，乡村记忆是乡愁的载体，包括两个方面：一方面是物质要素与风貌景观，如日常生活物品、公共活动场所、传统民居建筑等；另一方面是非物质文化记忆，如村规民约、传统习俗、传统技艺以及具有地方特色的生产生活模式等。而社火是冀西北地区最重要的传统民俗之一，是留住乡愁的重要载体，同时，丰富的艺术形式，广泛的群众基础和浓郁的乡土气息也使社火成为发展乡村旅游业的优秀资源，对“十九大”提出的乡村振兴战略具有重要意义。

近年来，随着城镇化进程的不断加速，许多基于农耕文明的优秀民俗也呈现出举步维艰、勉强维持的现状。加大对社火的研究、挖掘、保护和传承是当前一项重要工作，是我们各界学人都应该主动承担的时代责任，文化的保护和传承不是因循守旧、故步自封，发展是永恒的主题，创新是艺术的生命，社火要在保护其民俗内涵与文化传统的基础上积极推陈出新，在保持“古味”的基础上，结合时代精神，焕发蓬勃新意。优秀的民俗文化是我们民族的基因，是宝贵的精神财富，保护和弘扬中国优秀传统文化任重道远，让我们共同努力，砥砺前行！

作者

于 2018 年春

目　录

第一章 引 言

第一节 选题的形成

社火，是广义庙会的一种，是一种以歌舞杂耍娱人娱神的活动，[①] 民间有句俗语：“老百姓，要快活，赶会、唱戏、弄耍社火”。我国北方大部分地区都有“耍社火”习俗，其艺术精湛，民众参与广泛，传承久远，承载着乡民祭神祈福的信仰和愿望，是汉民族中国传统节日文化中的重大娱乐活动之一。冀西北地区“耍社火”习俗传承久远，历久弥新。蔚县“拜灯山”、万全“打棍”、怀安“蹦鼓子舞”、阳原“曲长城背阁”等具有浓郁地方特色、独特表演形式的社火项目入选国家级非物质文化遗产名录或省级非物质文化遗产名录。但当地政府及学者对冀西北社火的关注明显不足，甚至缺失。主要表现在以下两个方面：第一，列入国家或省级非

① 赵世瑜．明清华北的社与社火——关于地缘组织、仪式表演以及二者的关系．中国史研究，1999，3.

物质文化遗产名录中的社火活动，在申遗及之后的推广和宣传中，仅仅以单独的表演形式出现，而没有意识到（或是忽略）这些表演形式是依存于社火而存在的，是丰富的社火活动中的一项重要组成部分，更没有把“社火”纳入到申报非物质文化遗产的视野；第二，当地学者对“社火”研究的忽视。中国知网数据库中只有个别学者极少数有关当地社火的学术研究论文。笔者出生于张家口市万全县农村，从小参加社火表演，对社火活动非常熟悉，感情深厚，社火研究兴趣由来已久，并把当地社火研究作为自己科研工作的重要选题长期关注并多次进行乡野考察，搜集资料。

第二节 研究意义

社火在张家口地区有非常深厚的群众基础。每年春节，市区内桥西、桥东、高新区，万全、怀安、蔚县等坝下各县，以村落为单位，纷纷举办社火活动，从腊月开始排练，到正月十六结束，内容丰富，表演精彩，锣鼓喧天，非常热闹，参与表演的群众眉飞色舞，神采飞扬，观看演出的群众兴高采烈，人声鼎沸。加强对社火文化的理论研究，推动农村社火活动的开展和创新，对加强农村精神文明建设和社会主义新农村建设具有重要意义。

冀西北社火具有丰富的文化内涵和独特的地域文化特征。

如蔚县“拜灯山”、万全“打棍”等社火形式，其思想性、艺术性、观赏性在全国也绝无仅有。随着社会现代化建设的加速，在乡村城镇化进程中，人们节日观念日益淡化，许多传承久远、蕴含着中华民族伟大精神的民俗活动难以为继，对冀西北地区流行的社火进行深入细致的挖掘整理，对河北省非物质文化遗产的保护和传承有重要意义。

第三节　研究的理论框架和主要内容

一、理论框架

如图 1－1 所示。

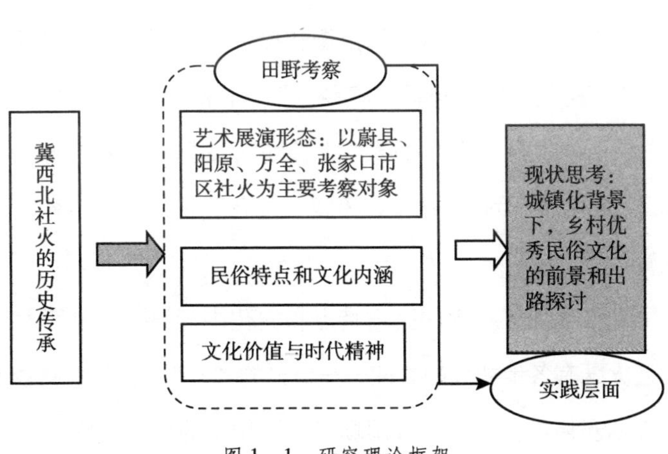

图 1－1　研究理论框架

二、主要内容

冀西北地区社火文化传承研究。利用地方志民俗资料，梳理社火发展脉络、历史渊源。主要内容包括社火的起源，冀西北境内社火活动的沿革与流变，各区县社火活动持存情况等。主要内容见书中第二章、第四章。

冀西北地区社火艺术展演形态研究。冀西北社火由文化传统所规定的一整套行为动作共同构成，具有很强的象征性和表演性。本部分内容主要对其组织程序、节目类型、表演形态、人物造型和语言特征等进行全面考察。主要内容见第五章。

特别注重对一些列入非物质文化遗产项目的或张家口本地所特有的一些社火活动的挖掘和探究，主要有蔚县“拜灯山”“打树花”“活马舞”“高跷戏”，怀来、怀安“九曲黄河灯”，万全“打棍”，阳原“曲长城背阁”，怀安“蹦鼓子舞”，宣化“王河湾挎鼓”，涿鹿“绕花”等。主要内容见第六章。

冀西北地区社火的民俗特点和文化内涵研究。冀西北地区社火既有各地社火的共性——节日的“狂欢”，并承载着老百姓驱邪趋吉，祈盼风调雨顺、太平和乐的生活情感和人生理想。同时也具有与地方风俗习惯相一致的个性。本部分主

要对其文化特点进行总结，并深入挖掘其文化内涵。主要内容见第七章。

冀西北地区社火文化价值研究。本部分内容主要探讨社火的文化价值，并寻求与时代精神的契合点。冀西北社火体现了张垣地区特有的地域文化和价值观念、保留着当地老百姓原生状态和民族特有的思维方式、审美情趣和心理特征，蕴涵着民族传统文化精神，是孕育当地民间文艺的沃土，对乡村振兴战略有着重要意义，是留住乡愁的重要载体和发展乡村旅游事业的重要资源。主要内容见第八章。

冀西北社火现状的思考。考察在城镇化进程中，冀西北地区社火的时代变迁，面临的一些问题，并对优秀传统民俗文化的保护和传承的提出思路和策略。主要内容见第九章。

第四节　研究方法及研究重点和难点

研究主要采用社会民俗学研究最常用的文献研究法和田野调查法：

（1）文献研究法。指通过查阅、检索历史书籍、典籍文献所记载的资料及现有的关于各地社火的调查报告、相关研究论著等，对其进行系统梳理、甄别和分析，结合民俗学、社会学相关理论展开研究。

（2）田野调查法。主要是通过现场观察、实地考察，问卷调查、访谈等方法对社火活动进行实地调查。通过视频、音频等技术手段，记录活生态的社火表演现状，在此基础上，进行理论的概括与总结。

研究重点主要有二：一是对冀西北地区现存的社火活动进行现状调查。重点对列入非物质文化遗产的蔚县“拜灯山”“打树花”“高跷戏”“活马舞”、万全“打棍”、怀安“蹦鼓子舞”“九曲黄河灯”、阳原“曲长城背阁”等地方特色浓郁的社火活动进行实际调研，挖掘整理。结合当地的人文历史背景和独特的地理位置，从历史渊源、存在现状，社会环境，文化艺术形态、表演形式、文化内涵等方面对当地社火进行全方位考察；二是寻求城镇化进程中民俗文化的传承和保护思路和策略。课题研究困难在于：一是调研的工作量大，任务重；二是有关冀西北社火的现有研究成果不多，可借鉴的资料少。

第二章　社火研究现状综述

我国北方大部分地区都有“耍社火”习俗。社火是广义庙会的一种，是一种以歌舞杂耍娱人娱神的活动，其艺术精湛，民众参与广泛，传承久远，承载着乡民祭神祈福的信仰和愿望，是汉民族中国传统节日文化中的重大娱乐活动之一。学术界对社火的研究相对较晚，自 2006 年陕西省宝鸡社火、山西省潞城社火被列入第一批国家级非物质文化遗产保护名录以后，[①] 学者们对民间社火的关注才逐渐增多。近年出版的专著主要有《三秦社火》[②]《关陇社火艺术研究》[③]《中国陕西社火脸谱》[④]《仪式、歌舞与文化展演——陕北·晋西的“伞头秧歌”研究》[⑤] 等。加强对社火的研究工作，对非物质

---

① 国家非物质文化遗产名录，中国非物质文化遗产网，http://www.chinaich.com.cn/.

② 胥鼎．三秦社火［M］．陕西师范大学出版社，2002.

③ 赵德利．关陇社火艺术研究［M］．北京：中国社会科学出版社，2012.

④ 王瑶安，刘宗昉．中国陕西社火脸谱［M］．上海：上海远东出版社，2010.

⑤ 王杰文．仪式、歌舞与文化展演——陕北·晋西的“伞头秧歌”研究［M］．北京：中国传媒大学出版社，2006.

文化遗产的保护、传统文化的传承、农村文化建设都具有重要意义。

第一节　社火的含义和文化溯源

一、关于社火的含义

《辞海》中关于社火词条下的解释是："旧时在节日中扮演的各种杂戏"。《现代汉语词典》解释为："民间在节日举行的传统集体游艺活动，如狮舞、龙灯等"。学者们对"社火"的含义进行了总结，赵世瑜（1999）认为，所谓"社"是中国古代一种基层聚落，也是上古以来的聚落或土地之神。"火"通"伙"，表示群体和众多之意。社火的本意就是焚祭品于社。以后渐失本意，以"火"为红火、热闹之意。明清以降，社火逐渐演变为春节期间，以村社为单位，动员全体人员共同参与的祈福迎新的文化活动，民俗活动①。赵德利（2012）认为：社火有广义和狭义之分，从广义上来说，社火是"中国民间庆祝节日的一种传统游艺活动。凡是民众在年节庆典、庙会活动中自娱自乐、表演性强的民间歌舞技艺活

① 赵世瑜．明清华北的社与社火——关于地缘组织、仪式表演以及二者的关系［J］．中国史研究，1999（3）：134.

动均可纳入其中”“现今的舞蹈、杂技、杂耍、武术、鼓乐（如东北大秧歌、陕北腰鼓）等都属广义的社火”；狭义的社火“以关陇社火为准”“以民间传说和戏剧故事为题材，通过一个或一组人物表现一个故事，一个故事为一转社火”，是“以戏剧故事装扮表演为主，伴以锣鼓秧歌表演的游演活动”。[①]

二、关于社火的文化溯源

（1）社火产生于原始的宗教信仰，源自劳动人民对古老的土地与火的崇拜。李智信（2008）认为：社火应该是古代祭祀土地神和火神活动的遗俗。远古时期，人们在进行祭祀时，除了要进行祝词祷告和奉献牺牲外，还要举行敬神娱神的舞蹈活动。周代祭祀活动中的乐舞仪式已经形成了比较完备的制度。祭火活动是人类最古老的祭祀活动之一，中国民间现在仍保留大量祭火的遗俗，如藏族围绕火堆跳锅庄，云南彝族、纳西族、白族、傈僳族、哈尼族、普米族的火把节等。社火是祭祀土地神和火神的舞蹈的延续。在后来的发展中，接纳、吸收了其他社祭活动和其他祭祀活动中的乐舞，

---

① 赵德利. 关陇社火艺术研究［M］. 北京：中国社会科学出版社，2012：21－22.

并将一些杂耍、傩舞的内容融入其中，逐步形成了现在的样式。[①] 李智信还认为，“西周初年的大和会应该是远古龠祭、和祭活动的一次大汇演，后来的社火应该是大和会的延续和拓展”。[②] 王琼（2012）认为：社火“与祭祀有着一脉相承之处。呈现于宗教祭祀中的巫术直观与世界象征化，同样成为社火的文化内核，支配其运行”。[③]

（2）社火起源于炎帝时代，并随着炎帝的农业文明的传播而发扬光大。王岁孝（2010）认为，“炎帝神农氏因为创始农业而开社祭之先，成为农神、火神被崇拜，并且开创了蜡祭与傩舞。西府社火就是灶神崇拜、火神崇拜”。[④]

（3）社火的产生与传统的岁末傩仪活动有密切关系。傩仪是古代一种驱逐疫鬼的活动仪式，“装扮神像，扫荡街巷”。《秦中岁时记》载：“岁除日进傩，皆做傩公、傩母，五杂组傩，以驱疫”。（唐李淖）在大傩之时，要用火炬来驱疫。赵世瑜（1999）认为，元宵节张灯本自佛教以光明逐黑暗的象征，发展到民间“走百病”“除虚耗”等祈福免灾的习俗，

---

① 李智信．社火溯源［J］．青海民族研究，2008（4）：117－121.

② 李智信．西周初年的大和会与现代社火［J］．青海民族研究，2010（4）：144－151.

③ 王琼．关中民间社火与宗教祭祀源探［J］．河北南社会科学，2012（11）：69－71.

④ 王岁孝．西府社火起源谈［J］．长城，2010（1）.

与驱傩逐疫的目的相通，故而可以合二为一；古代社祭传统中也有以巫术形式祈年免灾的活动，社祭的演出就逐渐发展为社火，与傩事活动也有类似之处。傩事活动是一种模拟性表演，其重要特征之一就是它的假面化装，而社火的表演者也要进行化装，这一点也是传统社火对早期傩事活动的传承演变。[①] 李继友（1989）认为社火是周代摊舞的沿袭的理由有四：一是二者目的相同——至避邪去瘟；二是有共同的角色——方相，其状狰狞；三是社火以前是戴假面具演出的，后来演变为画脸谱，源于古代的傩仪之魁头（兽脸）；四是社火脸谱造型极注意鼻部图案的描绘，除了勾画色彩外，还要用大红金以示风采，“拟为古代摊舞的金黄四目”。[②]

（4）“社火”一词始见于宋代，社火从祭祀活动中逐渐脱胎向民间娱乐活动靠拢，并形成了一种娱神与娱人相结合的独特的表演形式。《东京梦华录》卷八记载：六月二十四日，灌口二郎神生日，二郎庙前露台上设乐棚，有“社火呈于露台之上”。[③] 南宋范成大《上元纪吴中节物俳

① 赵世瑜．明清华北的社与社火——关于地缘组织、仪式表演以及二者的关系［J］．中国史研究，1999（3）．

② 李继友．中国陕西社火脸谱［M］．上海人民美术出版社，1989．

③ （宋）孟元老撰．邓之城注．东京梦华录注［M］．北京：中华书局，1982．

谐体三十二韵》中有："轻薄行歌过，颠狂社舞呈"之句，并自注："民间鼓乐谓之社火，不可悉记，大抵以滑稽取笑。"社火的表演形式和文化内涵在宋代基本定型，并传承至今。

第二节 社火表演的主要内容、形式和文化特点

传统的社火表演一般在春节后和元宵节前后举行，一般为数十人至上百人化妆为古今男女老少平地游舞的形式，无固定标准与形式，在锣鼓声中狂欢乱舞，主要表演形式有踩高跷、划旱船、扭秧歌、斗龙狮、彩旗队，锣鼓队等。但所谓的"三里不同风，五里不同俗"，不同的地域其社火民俗也各具特色。一些学者关注当地社火表演中独特的形式和特点。如陕西宝鸡地区流行黑社火、血社火、背社火、马社火等。黑社火与大部分社火不同，是在晚上耍演。区别于白天表演社火的最大特点是一边表演、一边歌唱，它类似戏剧（赵德利，2012）。[①] 并且黑社火是宝鸡众多社火中唯一一个具有较严格组织程序和表演顺序的社火种类，在整个组织程序中，无论是参神请神沿门逐疫，还是结束时谢将都有固定程序

① 赵德利．关陇社火艺术研究［M］．北京：中国社会科学出版社，2012：33.

(姚欣杰，2009)。[1] 血社火是“将斧头、剪刀、铡刀等凶器化装时扎入扮演恶绅者的头部、面部及胸腔之中，鲜血淋淋，森煞恐怖。充分表达了劳动人民疾恶如仇、爱憎分明的思想感情，是一种集杂技、戏剧等为一体的民间社火艺术表演形式”（王琼，2011)。[2] 背社火由精壮男子身扎木制芯子于肩部，将儿童装扮成戏剧人物绑于芯子，背社火的男子和表演儿童均身穿戏服面画脸谱，在锣鼓声中行走表演（赵德利，2012)。[3] 马社火别称为“马故事”，曾经是关中西部及陇东地区浒最广泛的一种社火形式，扮演者骑着高大的骡马，车脸谱，着戏装，持刀、握矛、挽弓、携箭，锣鼓开道，穿街走巷列队表演（赵德利，2012)。[4] “背冰亮膘”是山西永济特有的社火表演内容，青壮年汉子们身着短裤，头裹红巾，肩背冰块，手敲锣鼓，效仿古代作战的队形进行表演。凛冽的寒风中，汉子们胸部、胳臂、腿上的肌肉裸露在外，结实的肌肉、强壮的体魄展示着勇气和力量（任亚娟，2012)。[5]

① 姚欣杰．宝鸡陈仓黑社火调查研究，陕西师范大学，2009.

② 王琼．人牲与血祭：宝鸡血社火的地缘历史文化追溯［J］．宝鸡文理学院学报（社会科学版），2011（5）：54－57.

③ 赵德利．关陇社火艺术研究［M］．北京：中国社会科学出版社，2012：357.

④ 同上．

⑤ 任亚娟．山西运城市“背冰亮膘”研究［D］．山西师范大学，2012.

“挠阁”流传于山西代县雁门关内外，以峨口为中心。“挠”意为“抬起，举高”，阁有“仙阁，楼阁”和“闺阁女孩儿”两层含义，挠阁表演一般由60架左右挠阁组成，每组2人，由一壮汉背缚挠阁架子，约2.2米，架上缚一个五岁孩童，列队表演，融表演、舞蹈、音乐、美术、体育于一体（杨继东，2007）①。河南省灵宝县古老的东西常村并以“骂”社火而远近闻名，每年从正月初二晚上开始，两村想耍社火的百姓组成骂阵（俗称后场子），敲着锣鼓，响着土炮，到对方村里，找一场地落脚，以锣鼓将群众吸引到场，开始叫骂对方村中的社火头子、人员子、村盖子等有威望者，用以激怒这些当权决策者出社火。骂人者反穿羊皮袄，化妆成花脸（意为“我不是人了，被骂者请勿见怪”）。叫骂者可采用快板书、顺口溜、独角戏等单人独骂方式，也可采用相声、问答等双人合骂形式。被骂者绝不允许对骂者当场还骂。违者则要受到全家人手剥一斗稻谷的惩罚。这样来来往往，一直骂到正月初十（王林，2008）。② 社火表演具有表演场面大，参演阵容广，社火类型丰富，风格独特，观演气氛热烈，群众参与广泛的特点。和谐的节庆狂欢为当代社火活动的主要文

---

① 杨继东．峨口挠阁：流传代县的“百戏杂艺”［J］．中国文化遗产，2007（6）：96－99.

② 王林．灵宝东西常骂社火研究［D］．河南大学，2008.

化特征（赵德利，2011）。[①]

第三节　社火艺术研究

相关专业学者对社火的脸谱、舞蹈、唱词、装扮、造型等进行了研究。

（1）社火脸谱研究。宝鸡社火通过脸谱来表现当地老百姓的人生观和自然观，宝鸡脸谱来源于古代的“假面”和“涂脸”，将自己民族图腾的主要特征画在脸上，或者制成面具戴在脸上。现在，他们把神话传说，历史人物，典故故事刻画在脸上进行社火表演，映射宝鸡的历史文化（屈社明，2013）。[②] 其中，马勺社火脸谱是装饰最丰富、漂亮的，贺鹏、詹秦川（2010）等学者对其用色、纹样等进行了研究，认为陕西社火马勺脸谱图形符号构成了一个极其丰富多彩的符号世界，其史诗般的记录形式与华美的表现手法，充分体现了当地居民独特的审美观念、民俗文化传统及早期的图腾信仰。[③]

① 赵德利．和节的节庆狂欢——论关陇社火的文化特点［J］．文艺争鸣，2011（3）：126－128.

② 屈社明．宝鸡社火研究［J］．海峡教育研究，2013（1）：50－53.

③ 贺鹏，詹秦川．马勺社火脸谱纹样的符号学意义［J］．美与时代，2010（1）：55－57.

（2）社火舞蹈研究。传统的社火通常是“舞重于唱”，特别是流行于晋中晋南的社火，舞蹈元素丰富，戏剧性强，种类繁多，晋南的社火舞蹈具有传统美学的和谐对称的特点，有古代军阵乐舞的遗存，并保留了民间舞蹈中大量古代乐舞，包括先秦角抵、汉代百戏、隋唐乐舞及明清的民间乐舞，内容非常丰富，是进行民间舞蹈文化研究的活样本（杨云，2005）。[①]

（3）社火曲艺的研究。社火词曲大多具有曲调的多元性与独特性的特点，有汉族文化烙印以及变迁的痕迹，体现多元文化的交融，具有“泛宗教化”特点，曲调富有多元性、交融性、复杂性。词曲有文化的历史性，内容广泛，品种繁多，情感率真，热情活泼（杨天奇，2013）。[②]

第四节　社火的文化价值与功能

关于社火的文化价值与功能，学者们从文化学、民俗学、社会学等角度进行了阐述。

---

① 杨云．晋南社火与民间舞蹈文化传承［J］．北京舞蹈学院学报，2005（4）：58－65．

② 杨天奇．社火曲艺的价值和问题研究——青海社火为例［J］．原生态民族文化学刊，2013（1）：105－110．

一、文化价值

（1）社火是在古老的中华民族大地上传承了数百年的古老的民间文化，它既是一种民间祈福纳瑞、驱逐疫魔的祭祀活动，更是春节期间汉族乡村社会中的大型民间文艺活动。社火有着深厚文化积淀，将农耕民众的生活、娱乐和心意信仰结合在一起，表现出人神天地和谐共生的情态。是原始人类的意象记忆与艺术表达的生活化再现和现代艺术化传承（赵德利，2011）。[①]

（2）社火是中国西北地区人民的民间舞蹈活动形式，以歌舞为主，与武术、杂技、杂戏、焰火等融合在一起，表演的内容和曲艺涉及社会生活的各个方面，记载了当地的文化、民俗、历史、宗教、地理、节气、生态、民族等各个领域，具有高度的艺术性和审美性。

（3）社火对乡村文化建设具有重要意义。当前，加强乡村文化建设已成为国家战略，对传统文化的利用是中国乡村文化建设的重点，社火在农村拥有深厚的民众基础，是乡村居民喜闻乐见的文化形式，与居民的文化、生活、心理等密

① 赵德利．和节的节庆狂欢——论关陇社火的文化特点［J］．文艺争鸣，2011（3）：126－128．

切联系，作为优秀的民间传统文化，社火是农村文化建设重要的文化资源（赵建昌，2012）。[①]

二、文化功能

社火承载了娱神与娱人的双重功能，曹斌（2011）把社火的功能概括为祭神祈福、娱乐喜庆、德行教化、文化交流、调控关系、艺术教育六个方面。[②] 张兵强（2011）从人类学角度考察，认为村落社火活动的功能主要有社会组织和教育功能、社会关系的强化、村落内部关系的调适及民众情感的宣泄和小规模的狂欢。[③] 总地说来，作为春节期间最重要、古老的文艺活动，社火承载着老百姓敬天敬地、祭神祭祖、祛除灾疫、祈盼福佑的文化传统。社火表演阵容强大，形式多样，诙谐幽默，红火热闹，观赏性、娱乐性极高。社火的内容包含强烈的传统文化元素，代表了民众朴素的人生价值理念，劝恶扬善；习俗传承久远，民众广泛参与，从而使社火在乡村生活中具有凝聚社区的意义。从社火的具体组

① 赵建昌．基于居民感知的关陇地区社火与乡村文化建设调查研究［J］．江西农业学报，2012（6）：191－195.

② 曹斌．论社火的功用——以关陇社火为中心［J］．宝鸡文理学院学报（社会科学版），2011（10）：50－53.

③ 张兵强．村落社火活动的文化功能探析——以甘肃省静宁县威戎镇新胜村社火为例［D］．兰州大学，2011.

织系统、组织过程，以及“闹社火”，即把本社区的家家户户卷入其中的做法中，都可以清楚地看到这一点。（赵世瑜，1999）①

第五节　社火的现状和保护研究

从现有学者们的研究中可以看出，现代城市消费文化对农村的生产和生活方式产生了巨大的冲击，各地社火的生存现状令人担忧。主要存在的问题有民间社火的数量在逐年减少，表演艺术水平整体下降，民俗文化意蕴正在淡化（余永红，2009）②，表演形式陈旧，内容缺乏创新，表演资金欠缺，观演人员日少等（王岁孝，2010）③。针对这些问题，学者们提出了相应的保护策略和方法，呼吁加强对各地社火的挖掘、整理和研究。学者们认为，对社火的保护要坚持“保护为主、抢救第一、合理利用、传承发展、科学规划、整体保护、和谐共存”的原则，积极争取国家、省区市资金支持，增大资金投入，成立研究表演的专门机构，加强对代表性传承人

① 赵世瑜．明清华北的社与社火——关于地缘组织、仪式表演以及二者的关系［J］．中国史研究，1999（3）．

② 余永红．非物质文化遗产视野中的民间社火现状及保护问题［J］．社会科学论坛，2009（2）下：140－144．

③ 王岁孝．西府社火民俗及旅游开发对策［J］．宝鸡文理学院学报，2010（1）：55－59．

的保护，培养新一代演出人才，各地建立系统的社火资料库等。①

第六节　当前社火研究存在的一些问题

虽然当前民间社火的研究已取得一定的成绩，但相对而言，仍存在着一些问题。第一是研究成果少，根据中国知网（CNKI）以“社火”为主题检索结果，2006～2013年间，相关期刊论文平均每年仅20篇左右。硕士论文共22篇，博士论文3篇；第二是研究成果级别低。发表于核心期刊或民俗类权威学术期刊论文较少；第三是挖掘浅。研究成果缺少新意，存在低少平重复现象。并且理论探讨较多，真正通过田野调查等方法获得第一手资料，对当地社火资源进行深层次的挖掘、整理的基础性工作较少；第四是研究存在地域不平衡现象。社火在我国陕西、山西、河南、甘肃、青海、河北等北方省区都有分布，现有研究成果中，对陕西关中、甘肃东部、晋中、晋南、豫西等地社火研究为多。如豫西骂社火、宝鸡血社火、陕西陈仓县黑社火等，当地学者都给予较多关注。但一些地方的社火研究却相对薄弱。如河北省各地，北

① 王岁孝．西府社火民俗及旅游开发对策［J］．宝鸡文理学院学报，2010（1）：55－59.

京周边地区有着悠久的社火习俗，丰富的社火资源和优秀社火品种，如河北蔚县社火“拜灯山”、河北万全社火“打棍”，传承悠久，观赏性极强，在国内也独一无二，但却没有相关的研究成果。所以，社火研究可供开拓的空间和领域仍然很大，各地学者应该加大研究力度，投入精力，使社火这块“民间艺术的活化石”，在新时代大放异彩，为我国优秀民间文化的传承做出贡献。①

① 梁俊仙．社火研究述评［J］．石家庄经济学院学报，2015（3）．

第三章　冀西北地区综论

冀西北地区指河北省西北部地区，以张家口市为中心城市，地处京津冀环渤海经济圈与冀晋蒙外长城经济圈的交汇点，东临首都北京、西连煤都大同、北靠内蒙古高原，南接华北平原。全市南北长289.2千米，东西宽216.2千米，总面积3.68万平方千米。张家口市辖10县（张北、康保、沽源、尚义、蔚县、阳原、怀安、怀来、涿鹿、赤城），6区（桥东、桥西、宣化、下花园、崇礼、万全），及2个管理区（塞北管理区、察北管理区）和1个经济开发区。张家口之称，始于明代，《明史·地理志》记："京师万全右卫，东有'张家口堡'"。清《畿辅通志·舆地略》载："东高山，在张家口堡东北七里。西高山，在张家口堡东北七里。二山皆在边口，相云数百步。对峙如门，张家口名以此。"东高山与西高山就是现在的东、西太平山。张家口市历史文化悠久，地理位置独特，自古为兵家必争之地，张家口为明清时期蒙汉互市重镇，亚欧陆路商埠，著名的古商道"张库大道"

的起点就在里。当地民风淳朴，民俗文化丰富多彩，并且自然资源富集，生态环境良好，风光优美独特，气候凉爽宜人，已发展成国内较为知名的旅游城市，素有“塞外明珠”之美誉。

第一节　悠久的历史传统，丰富的文化遗存

冀西北地区具有悠久的历史文化传统。河北省主打的文化名片“三个走来”里面，有两项属于张家口，一是“东方人类从这里走来”的泥河湾遗址。该遗址发现于20世纪20年代初，位于张家口市阳原县城东50公里处泥河湾村附近的桑干河畔。近过数十年中外考古专家考古挖掘，发现数量众多的古人类文化遗址和文化。其中马圈沟遗址是目前中国历史上年代最外远的旧石器时代文化遗址，是目前科学家发现的在非洲之外又一处人类始祖居住之所。泥河湾遗址挖掘证明这里曾经是东方人类故乡，距今200万年前，远古人类就在此辛勤耕作，繁衍生息；二是“中化文明从这里走来”的涿鹿皇帝城。司马迁《史记·五帝本纪》记载：“轩辕之时，神农氏世衰。诸侯相侵伐，暴虐百姓，而神农氏弗能征。于是轩辕乃习用干戈，以征不享，诸侯咸来宾从。……轩辕乃修德振兵，……以与炎帝战于阪泉之野。……与蚩尤战于涿鹿之野，遂禽杀蚩尤。北逐荤粥，合符釜山，邑于汲

鹿之阿。”[①] 5000 年前，中华民族的始祖黄帝、炎帝、蚩尤在张家口市涿鹿县矾山黄帝城一带发生部落争战，最后黄炎部落战胜蚩尤，“邑于涿鹿之阿”，合符釜山，开启了中华文明之先河。所以著名历史学家顾颉刚先生在《中国上古史演义·序》中有“千古文明开涿鹿”之论。在以涿鹿县矾山镇为中心的 30 公里范围内，留有三祖遗迹 23 处之多，如黄帝城遗址、黄帝泉、黄帝合符结盟之地——釜山、黄帝崩葬地——桥山、蚩尤寨、蚩尤坟等。在古城遗址内，考古挖掘出大量新时期文化遗存，如石刀、石斧、陶鼎等。此外，在涿鹿大地上，至今流传着许多关于黄帝、炎帝、蚩尤的古老传说及民俗文化。蔚县代王城，是春秋时期代国的都城，秦始皇统一中国以后，将天下分为 36 郡，代为一郡，辖 18 个县，郡县同治于代王城。

张家口境内有丰富的历史文化遗存，据统计，不可移动的历史文物和近现代及革命文物遗存点 2 910 处，占全省文物总数的 1/4，其中，全国重点文物保护单位负责 27 处，省级重点文物保护单位 65 处，占全省同级以上文物的 12%。文化遗存主要有文物、建筑群和遗址等。张家口是文物大市，境内文物丰富，价值极高。最为著名的有宣化辽墓、六代长城、

① （汉）司马迁．史记（一），五帝本纪［M］．北京：中华书社，1982：3.

黄羊山清凉寺、大境门、鸡鸣驿、梳妆楼等。著名的古建筑群有暖泉古镇、宣化古城、张家口堡、万全右卫城等。著名的文化遗址有中外闻名的泥河湾遗址、黄帝城城址和元中都遗址等。

第二节　独特的地理位置——兵家必争之地，陆路商埠重镇

张家口地区历史悠久，处于内蒙古高原向华北平原过渡地带，地处京、冀、晋、蒙四省区市交界处，全境分为坝上和坝下两个部分，自古皆担任着抵御外来侵扰，捍卫京都的重任，雄踞长城之关口，扼南北之咽喉，独特的地理位置使这里成了“兵家必争之地”，张家口境内存有六代长城遗迹，从先秦的燕长城，到明、清长城，共修筑长城达 1 476 公里，占全国长城总长的六分之一，被学界称为“长城博物馆”，是座名副其实的“军城”“武城”。明朝在北京建都以后，残元势力鞑靼部和瓦剌部退居张家口北部及西北部，张家口为其进犯北京的必经之路。张家口地区成了明王朝与残元势力征战，防御蒙古骑兵侵扰的前沿阵地，宣府镇成为明朝九边重镇的重中之重。在明王朝统治的 276 年间，《宣府镇志》和《宣化县新志》记载的较大战争达 50 多次。到清代，张家口仍是拱卫首都的锁钥屏障。康熙皇帝第三次亲征噶尔丹，便

经由张家口出塞，并大获全胜，噶尔丹兵败自杀。雍正皇帝在张家口设置理事同知厅，管理口外东西两翼察哈尔八旗。乾隆二十六年（公元 1761 年），清廷设置察哈尔都统，统辖察哈尔 12 旗群，总领旗兵。乾隆二十七年（公元 1762 年），在来远堡通往在大境门的街心建有一座牌坊，上书“边关重镇”四字。清乾隆皇帝曾御笔亲赐“神州屏翰”之称，至今匾额尚悬挂于宣化区镇朔楼（鼓楼）之上。

张家口除了是著名的武城之外，还是我国北方重要的商埠和陆路码头。历来是长城内外各民族人民友好互市的地方，从汉代的宁城互市，辽代的坝上榷场到明代的茶马互市，北方少数民族都到冀西北长城沿边与汉人开展贸易。长城四大关隘[①]只有大境门以“门”为称，说明该地不仅肩负守边重任，还承担着汉蒙民族贸易交流之责，特别是到了清代，随着号称“北方丝绸之路”的张库大道的形成，使张家口由一个边境军事防御小镇，发展成为一个繁荣的边贸城市，张库大道从张家口出发，通向蒙古国的库伦（乌兰巴托），进而进入俄蒙边境城市恰克图。北方的马匹、皮毛和南方的茶、盐、绸缎等货物在这里集散、转运，皮毛加工业和皮货贸易驰名全国，大量晋商在这里云集发家，全国各地商贾纷纷而至。

① 山海关、嘉峪关、居庸关和大境门。

到了清末民初，张家口商户最多时有 1 600 余家，经商人数 35 000 多人，占当时主城区人口一半，还有 42 家外国洋行及其代理商、400 多家相关店铺，年贸易额达到白银 1.5 亿两，张家口成为我国西北地区最大的物质集散地和中外闻名的国际贸易商埠。

第三节　淳朴的民风，多彩的年俗

西北地区地理位置独特，一直到 1995 年才对外开放，故经济相对落后，广大农村地区受城市文化和高速发展现代经济影响较小，故该地区民风淳朴，保留了大量原汁原味的古老民俗，特别是年俗，尤其讲究、隆重。

春节俗称“过大年”，张家口过年从腊月开始，一直持续到正月末。大年三十到正月十六，更是热闹非凡。年前所有人都要理发、刮脸、修“门面”。同时扫除庭院，清扫、粉刷家室。届时，各家洗衣物、擦玻璃、贴对联、挂年画。立柜躺箱上的铜饰件也擦得可以照人。腊月二十三是小年，除夕夜晚，全家要欢聚一堂，吃年夜饭，也即“辞岁饭”。饭后，大人孩子把旧衣服统统换掉，穿戴一新。小孩们点花放炮，到处呈现出一片辞旧迎新的欢乐气氛。这一夜，通宵不得睡觉，叫作“熬年”。第二天早晨见面，晚辈先向长辈问好拜年，长辈给晚辈压岁钱。初一到初五，凡邻居、街坊、朋友、亲戚、同事见面都握手问好，共祝新年。正月十五是“元宵节”，它是一年中第一个月圆之夜，也是大地回春的夜晚，又称为“上元节”。元宵燃灯的风俗起自汉朝，这一天少不了还要吃元宵、汤圆。正月十六夜则是小孩的节日，所有的小孩拿出自己的灯笼对着别人的重重一撞，然后笑哈哈地看着别人的灯笼着火，这个叫作“碰灯”。张家口各县区，至今仍保留着春节期间“耍社火”的习俗，从腊月开始操练，到大年初一至初五的各村各户拜年祈福，到正月十四、十五、十六的会演，声势浩大，热闹非凡。

第四章　冀西北社火习俗沿革

民俗文化主要是指在漫长的农耕条件下，在民众中经过口传心授、约定俗成而逐渐形成和发展起来的文化。民俗文化是平民老百姓的精神文化，这种精神文化与自给自足的农业生产方式、手工业生产方式相适应，与几千年形成的中国家族社会和人伦社会结构相适应。[①] 冀西北地区地理位置独特，历史悠久，自古为北方多民族聚居之地，古老的农耕文化和游牧文化在这里交融碰撞，燕赵文化、三晋文化、蒙古族文化共同的浸染教化，形成了具有冀西北地区独特的社火民俗。

第一节　地方志中有关冀西北地区社火习俗的记载

“耍社火”是明清以来冀西北地区最主要的岁时民俗活动之一，并且分布非常广泛。张家口各县区的地方县志对此多

① 刘锡成．民族文化是一条滔滔巨流［J］．温州大学学报（社会科学版），2010（6）．

有记录：

1.《龙门县志》

清康熙五十一年（1712）刻本《龙门县志》（十六卷 清）记载：自十四至十六日三日夜为度。县城及各堡多建军灯厰，并立木竿曲折环绕，擎灯三百六十一盏，名“九曲黄河灯”。男女中夜串游，名为“去百病”。又随处演戏、办社火、唱秧歌及节节高等戏以为乐。

2.《赤城县志》

清乾隆十二年刻本《赤城县志》记载：“立春先一日，令诸色人等扮演故事……‘上元’，沿街设立松棚，杂缀诸灯，翠缕银葩绚然溢目。又唱秧歌，谓之‘社火’。设九曲黄河图，擎灯三百六十一盏，男女于中穿逐，谓之‘走百病’”。

3.《保安州志》

《保安州志》（八卷　清光绪三年重刻本）记载：“上元前后五日，街市张灯、狮火，社火甚多，谓之“斗胜”。

4.《宣化县新志》

《宣化县新志》（十八卷　民国十一年铅印本）记载：十五日，为“上元节”。各商户一律挂灯，放烟火、演戏、踩高跷、唱秧歌，随处皆有。

5.《怀安县志》

《怀安县志》（清光绪二年刻本，八卷）记载：“‘上元’

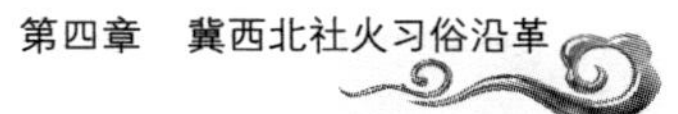

作灯，其城外大屯堡立竹木，设九曲黄河图，制灯三百六十一盏，名‘九曲灯’。男女中夜穿逐，谓之‘走百病’。”

《怀安县志》（十卷　民国二十三年铅印本）载：“又杂以高跷、秧歌、装男扮女，擦黑抹红；昼则沿街唱曲，夜则灯下作舞，五花八门，无奇不有。所演剧调，都属荒诞不经，故作俚词，以博人笑。男红女绿，争先聚观，途为之塞，亦属一时之盛。其城外大屯堡，亦演秧歌、高跷以为乐”。

6.《万全县志》

《万全县志》（十二卷　民国十三年铅印本）记元宵节社火表演盛况：“正月十四日至十六日，……尚有高搭灯棚，悬挂各式花灯者。又有用以布在各种阵势，如黄河九曲灯等。并到处点花炮、放焰火，五光十色，万点齐明，人声喧杂，爆竹时闻。游人结队成群，络绎不绝，少长毕至，男女成集，俗谓之‘逛灯’。此外，则有社火，昼则游行各处，夜者登台演剧。每班约百人，化装古今男女老少，应有尽有，不伦不类，状至滑稽，使人喷饭；并杂以多数锣鼓之声，沿街舞唱，万人空巷，到处围观。盖灯节期内，无论何人皆停止工作，日夜娱乐。俗传是金吾不禁，绝对自由，为一年中之最乐者也”。在民间文艺条下又录：“……每届冬令，各村皆学习秧歌，春节后登台演唱不辍，至耕地时始止。其剧多秦、晋所演者，调亦多秦腔，杂以本地土调，白亦完全土语，使人喷饭”。

7.《阳原县志》

《阳原县志》（十八卷　民国二十四年铅印本）详细记录了社火表演中高跷、抬阁的表演。“高跷：此种娱乐，每年正月举行。六人至十人成组，足登五尺木椽，上与胫缚，所扮皆系旧剧人物。此技各村农人皆善之，而以治城隍庙所组织者为最佳”。“抬阁：此种娱乐，亦在正月举行。以木囹铁盘（即以铁制之杠，圆径约二寸），上绑童女（皆十至十四者），扮作旧剧，如宋太祖送妹、断桥、奇双会等，八人抬之，游行街市。有时以高跷为导，以船灯或龙灯殿后（以纸糊一长船，或一长龙，分作若干段，第人一段，徐行如船，龙在水者然，中燃烛，晚更美观），有时各自为政，不相统属。抬阁以揣骨疃最出名，龙灯以东城为最长。第届举行，观者途塞，但亦多年停组矣”。

8.《张北县志》

《张北县志》（八卷　民国二十国年铅印本）“元宵节”下云：是日晚间，谓之灯节。各户门前悬灯笼，放药炮，并有社火高跷唱各种秧歌小曲，各户赏以钱，男女老幼围观，颇觉热闹”。

9.《怀来县志》

此外，在《怀来县志》（清光绪八年刻本）、《蔚州志》

（二十卷 清光绪三年刻本）等县志中，也有元宵节、春社之习俗记载[①]，虽未有“社火”字眼，但其田祀、节庆的仪式中，同样可看到社火活动的形式。

据丁世良、赵放《中国地方志民俗资料汇编》，冀西北各县方志中有关“社火”的记载远远多于被称为“社火”之乡的陕西宝鸡地区及山西晋东南地区地，由此可以看出明清时期张家口坝上坝下春节期间“社火”习俗之盛况。

第二节 冀西北地区社火习俗源远流长

明清以来冀西北地区春节期间“耍社火”习俗基本遍布各个区域，县志中对社火表演记载比较详细的县有万全、怀安、阳原三县，不仅坝下地区，坝上地区（如张北）也有社火习俗。冀西北地区最早的有关“社火”记载是刻于康熙五十一年（1712 年）的《龙门县志》，其中明确记载元宵节习俗：“随处演戏、办社火、唱秧歌及节节高等戏以为乐”。这也是全国地方志中有关“社火”最早记录之一，距今已有 300 多年的历史。民俗形成是一定地域内社会历史发展阶段的产物，具有深厚的地理根源、社会根源和历史根源。在人类社会发展史中，民俗经历了从无到有，由简到繁的发展过程。

① 丁世良，赵放．中国地方志民俗资料汇编·华北卷［M］. 1995.

社火习俗的形成，也经历了百千年的发展、演变、积累和沉淀，冀西北地区社火习俗之源远流长由此可见一斑。

第三节 冀西北社火当代持存情况

社火艺术是一种综合性的广场表演艺术，具有表演场面大、表演类型丰富多样、风格独特，参演阵容大，观演气氛热烈，群众参与广泛的特点，它历史悠久，神秘、深厚的文化内涵，受到了民间大众喜爱和学界的广泛关注。张家口地区位处“神京屏翰”的独特地理位置，故从1995年才正式确定开放，比发达地区晚了近20年，传统农耕文化受到的冲击相对较小，民风淳朴，文化变迁缓慢，旧有习俗保留得相对完整。从1949年后到改革开放，一直到新世纪以来，冀西北地区都保留着“耍社火”的习俗。有些社火活动，在“文革”期间都未曾中断，如蔚县上苏庄的拜灯山活动，祭祀各县区以村落为单位，纷纷举办社火活动，许多乡镇还有社火汇演和比赛。特别是万全、蔚县、赤城、阳原、怀安等坝下县区，从腊月开始排练社火，到正月十六结束，内容丰富，表演精彩，锣鼓喧天，非常热闹。以蔚县为例，现存的社火就有高跷、龙灯、旱船、狮子、活马、跑驴、牛斗虎、背歌（阁）、扛歌（阁）、老汉背妻、打架人、县官坐轿、大头人、晃、大彩车等20多种。万全县现存的社火有王八拜年、丑老妈子、钓鱼、划旱船、打棍、蹦鼓子、骑毛驴等。冀西北社火表演保留了原汁原味的“原生态”特点，参与表演的群众眉飞色舞，神采飞扬，观看演出的群众兴高采烈，人声鼎沸。从内容和表演方式，都继承了前辈社火的精华，保持着传统特色，富有古老的文化气息，记载在方志文献中的先人的生活方式，活泼泼地展现在当代生活中，展现着冀西北大地上广大的劳动人民数百年来的思维与生活习惯。当前，蔚县“拜灯山”、万全“打棍”、怀安“蹦鼓子舞”、阳原“曲长城背阁”等具有浓郁的地方特色和独特精湛的社火技艺，分别入选国家级非物质文化遗产名录或省级非物质文化遗产名录，并多次参加省、市组织的非物质文化遗产文艺会演。

第五章　冀西北社火艺术展演形态

社火是年节期间，民间的一种集体娱乐活动，它历史悠久，源远流长，充分反映了劳动人民的创造精神和对美好生活的追求与向往。冀西北地区社火规模宏大，人物角色众多，在红火喜庆的表演过程中，蕴含着深刻而深厚的文化元素。随着一代又一代的演变与创新，这朵瑰丽的民间艺术之花，以其鲜明的地方特色和浓郁的乡土气息，赢得人们的珍惜和喜爱。

第一节　社火的组织形式

冀西北地区的社火在明末已很活跃，清代已具规模“百余人”。最早的社火活动是在三官庙前点一堆火，人们围着火唱小曲，跳舞演奏乐曲，并表演一些有角色的节目，但很粗糙。随着生产的发展，这种表演规模越来越大，内容越来越丰富。人们根据需要，吸收各地民间艺术的精华，充实内容，形成了现在这种活跃在街头的大型的综合性民间艺术。

旧时，冀西北地区农村均有“三官”庙，“三官”即天官、地官和水官，为中国唯一的本土宗教信仰——道教所尊奉的三位天神。中国上古就有祭天、祭地、祭水的礼仪。三官掌管人间祸福，天神转迁、生死轮回和阴阳救度，天官赐福，地官赦罪，水官解厄。对三官大帝的信仰源于中国古代先民对天地水的自然崇拜。在农耕社会，天、地、水是人们生产、生活的必要条件，因此，老百姓常怀敬畏之心，虔诚地顶礼膜拜。社火就是老百姓为“三官”的表演，祈求多寿、多福、喜庆临门、风调雨顺。社火是一种乡村民众自发组织和自觉参与的民间组织活动，各村成立“三官社”，专门负责组织社火活动，由德高望重，组织能力强的人担任社火会长。春节前，“三官社”派出人员向村民们凑钱，多少不拘，大户、商号出钱较多。每年凑起的钱，如果除去开支有余，就留着下年用，不足则由“三官社”启用上年的结余。每年正月初八，“三官社”向志愿扮社火者，每人发两个烧饼、一套服装，这叫分配角色。正月十三“三官社”组织排练社火一天，同时到村外举行迎“喜神”仪式。从这天起“三官社”开伙，凡参加社火活动的人员都在“三官社”食堂就餐，直到社火结束。有的村庄是派饭。从正月十四至十六日（灯节）为三官正式演出三天。

随着科学的发展、时代的进步，1949 年以后，特别是改革开放以来，人们已主动摒弃各种封建迷信活动，“三官”的信仰在民众中已鲜为人知。新时期，张家口市各村镇社区的社火活动的组织大多由民众自动发起，由村委会积极组织。举行社火的资金也大多由村里公共教育、文化资金支出，表演的设备、衣装、乐器等也都较从前有巨大的改善和进步。此外，县区、乡镇还有专门资金对当地的非物质文化遗产保护的投入及农村文化活动进行专门支持。

第二节　社火的规模和表演

冀西北地区社火的规模较大，少则几十人，多则可达百人以上。各地的社火形式、人物、表演形式大体相似，但各地又略有不同，如万全、怀安等地的社火分四鼓头、六鼓头、八鼓头、十鼓头等形式。所谓鼓头就是由拧鼓人领头，有几个拧鼓人，就是几鼓头，但必须成双配对，拧鼓人等有固定的活动形式，后面按序有鱼竿、渔翁、棒槌、拉花的各一人。如果社火中有棍术，每鼓头后面还要加一些持盾牌、拿朴刀的人，这样每鼓头就有十几人了，加上灯官、乐器等四鼓头的社火班子可能就会达到一百人左右。其组织形式可因村而异，村小的采用四鼓头，街道宽阔的大村则采用八鼓头和十鼓头的大型组织。图 5－1 是怀安老人艺手绘保存的 20 世纪七八十年代社火表演时的图式安排，从图中可以看出，社火队表演为四股头，队伍打头为灯官 1 人，背印 2 人，灯利（吏）2 人，直师 12 人，乐器 10 人，其后是领正 2 人，鼓子

4人，鱼（渔）杆4人，大和尚2人，拉花2人，猴子2人，拉花2人，船家2人。接下来再跟猴子4人，拉花4人，老鸨子4人，卖货4人，二小（傻小子）2人，买货2人，五八2人，小鼓子2人，拉花2人，老汉背4人，毛驴2人，猪八戒2人。队伍共计89人。但在实际的表演中，又有很大的自由度，会加入许多即兴的角色。每个地方的社火又有自己的特色和绝活，如阳原的社火有著名的背阁，蔚县社火有拜灯山、高跷戏等，怀来、怀安、宣化有九曲黄河灯等。社火中大多有钓鱼、旱船、骑毛驴（蔚县又称之为活马舞）、推小车等形式，中间杂有大头娃娃、王八、老妈子、卖膏药等色彩人物，这些人物比较自由，他们以滑稽取笑为主。如扮演王八的，头戴红缨帽，反穿大皮袄，斜跨铜铃串，手持马鞭子，面涂王八图案，抖着串铃学着王八走路，使人看了发笑。老妈子却化装得嘴歪眼斜，脸点黑痣十分难看，一身穿扮更使人忍俊不禁。头戴笊篱为发结，耳挂红辣椒为耳环，脚穿大红鞋，走起路来扭扭捏捏，说话时还腼腼腆腆，世人看后笑破了肚皮。而卖膏药的是身背装满了膏药的哨马子，一手高举膏药幌子，一手摇着货郎鼓，高喊卖膏药，他不但化装有趣，而最出奇的便是他的一张嘴，能说无数的串话，把膏药讲得神乎其神，简直吹破了天。此外，社火中还因时制宜地增加一些神话传说、戏剧人物，如《西游记》中唐僧、孙悟空、猪八戒、沙和尚师徒 4 人，《新白娘子传奇》里的白蛇、《封神演义》里的哪吒，还有济公、太白金星等，此外一些热门流行影视剧中的人物也会出现在社火扮相中，大多以古装为主。社火的活动自始至终有民间吹打乐的伴奏，非常欢快、活跃。主要乐器有唢呐、笙管、箫笛和打击乐器锣钹等。为了加强节奏和气氛，在社火的结尾处，安排有直径半米大的钹，声出洪亮，音贯首尾。社火所奏乐曲多数是秧歌调、民间小曲和一些流行的曲牌子。

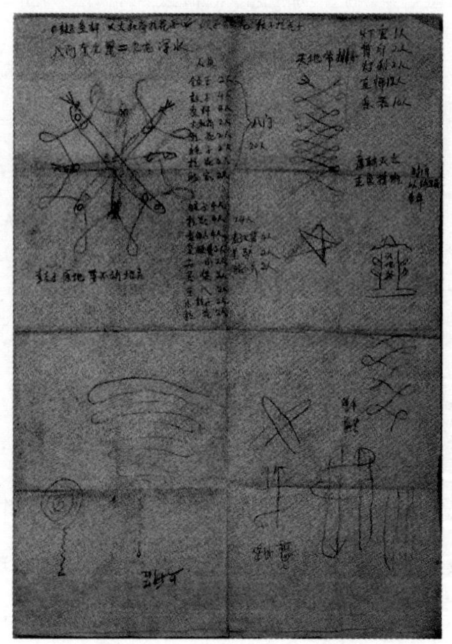

图 5－1　怀安县老艺人手绘的 20 世纪七八十年代社火表演的图式

社火分串接表演和定点表演两部分。参加社火表演的人，首先按次序排列成两行，压着鼓点进行串街游动演出。然后，每到一个十字街口或闹市地方打开场子进行表演。演出的内容是十分丰富的，集体表演主要是队形变换，走阵势。常见的表演程式和套路有“单八字”“双八字”“四大杰”“五角形”“走盘长”“转海鱼儿”“天地一排子”“十二连环”“八文套九星”，最后以“龙混水九”结束表演。单项表演有拧鼓子、打拳、钓鱼、划船、拉花、打棍等，一套完整的社火表演下来需要三四个小时。因为正月十四到十六既是灯节又逢元宵节，所以晚上演出社火就显得格外热闹。商家皆悬灯结彩，居民门前高悬花灯，社火的角色一人一灯，不是头顶灯，就是手持灯。灯的样式繁多，有绘人物、山水花卉的，有绘戏剧小说、神怪故事的，有的灯形是动物的，有的灯形是蔬菜瓜果的，还有用冰制成的冰灯：有楼阁、山峰、人物等，每个十字街口还要高搭彩棚，棚上挂满了各种灯。在宽阔的场地还要布下各种阵势，如九曲黄河阵，社火行至那里，就开始走阵，弯弯曲曲甚是壮观，加以堆旺火，到处花炮，焰火美景、爆竹声声，五光十色，万点齐明，人声喧杂，让人眼花缭乱，是一年中最愉快的日子。

冀西北社火表演不同于其他地方，它一般腊月开始排练，正月初一在自己村里表演，并挨家挨户拜年。其后，一直到正月初十，有外地工作的孩子相继回家过年的，女儿回娘家的，其他地方亲戚来拜年的，其中不乏在外面混的风声水起的“有头有脸”的人物，社火队听说了，都要装扮好行头，到该户人家扭上一扭，跳上一跳，转上几圈。全村的男女老幼也跟在社火队后面，好不热闹。除此之外，相好的村庄之间，社火队还要相互拜年。正月初八各单位陆续上班以后，各村还要到乡、镇政府、各单位拜年。不管是村里村外、人家还是单位，只要社火队去拜年，都要给社火队大大的“红包”，寄寓美好的祝愿。这既是敬神式的捐赠，又是审美式捧场。社火表演集中在元宵节正月十五、十六两日。这两日不仅要在自己村里表演，最主要的是各村社火队都要集中到乡镇、甚至县里汇演，各村的社火都要拿出自己好的装备、阵容和“绝活”，沿着主要街道边游边舞，街道两边是前来观看的人山人海，对各村社火指点评说，颇有些赛社火的意味。表演经常会持续大半天。有的时候，观演的群众还会加入社火表演队伍，跟着表演。而老妈子、王八等各种丑角会不停地混到群众中来，与人互动，或假装吓唬小孩子，妇女笑骂，儿童尖叫，周围群众哄堂大笑，充满节日的和谐快乐。冀西北地区的社火表演是一种传统文化心理蓄势，既带着节日狂欢，欢歌笑语喜迎新年之意，又含着古老的图腾崇拜的文化心理，并寄予着人们对明天美好生活的向往。

社火表演的主体是扮演社火形象的演员。虽然一天的表演会疲惫不堪，但是，能够扮演社火角色，人们都觉得是件体面光彩的事。因为，除了扮演者扮相神仙英雄吉祥惬意之外，还因长相好、人品好（甚或体型好），巡演于乡镇内外而倍感荣耀。因此，扮演者格外投入，即使半夜就开始化妆，白天里忍饥挨饿巡游乡里，也在所不辞。无论是蹦鼓子、打棍、拜灯山，还是跑旱船、钓鱼、骑毛驴，扮演者都格外认真投入。在冀西北地区坝上坝下调查，深深感到民众对社火文化的感情。社火已经融入生活信仰，祈求人神天地和谐共生。

第三节　社火的角色简介和表演内容

冀西北地区社火阵容浩大，人物纷繁，兹以万全社火为例，以排阵前后为序做一介绍。参加社火表演的角色各有分工、别具一格：

1. “灯官”

村民们选出一位德高望重、能言善辩的人出来当“灯官”。“灯官”头戴官帽身穿官服，骑一匹打扮得很漂亮的大马走在社火的前面，专门处理村里发生的一切事情和村民的提问，因此，没有丰富的知识是当不了“灯官”的。一名或数名灯吏尾随“灯官”。这一角色在其他县区的社火中已不多

见，但在蔚县特有的社火拜灯山中依然存在，并占据主角地位。（见图 5－2）

图 5－2　怀安胡家屯社火中的“灯官”

资料来源：怀安县文化局。

2. 拉场人

社火队伍的总指挥。这个角色一般由老艺人扮演，相公打扮，一手扯长袍襟子，一手持彩扇，倒退着走，以便面对面指挥，至演出高潮时，拉场人一个简单的手势，可使表演加快，气势陡转强烈。另外，社火队有很多阵式，诸如：“八卦阵”“八宝阵”“海鱼阵”“四门斗子阵”“九龙浑水阵”

等。变阵时，为求队伍齐而不乱，拉场人便高举彩扇，做出一个标志性的动作，打头的拧鼓人会意，很快将队伍变幻成一个新的阵式。这样，不同阵式的变换，时而出现的看点，会特别增强观众的观赏兴趣。

3. 天公地母

万全古城的社火由一对相公娘子打头。相公象征着天公，而娘子代表地母。反映了百姓受益于天地的眷顾和恩赐，而随之引发了无限感激、无限崇敬之情。

4. 拧鼓人

鼓名为蹦鼓子，是社火中最大的亮点。而拧鼓人为八至十六人不等，一律为武生打扮，头戴月儿，上身剪袖子，下身红彩裤，桶状鼓斜挎腰间，英姿勃发，气势凛然，尽显男子汉的阳刚之美。鼓都是四二拍子，打三拍空一拍，随着|xx|xo|的鼓点节奏，时而单舞，时而对舞，可展示踢鼓、满头花、翩腿鼓、背鼓等演技。打法有单出头、急旋风、玉蜻蜓、梅花绽、风摆柳、鸳鸯戏水、凤凰三点头、凤凰双展翅等。鼓声如沉雷震耳，颇有响遏行云之势，动作幅度较大，显得粗犷豪放。演至高潮处，节奏明显加快，表演者嘿嘿有声，加之大堂鼓、大锣、大镲的伴奏，愈显得声威气壮。因此，虽时值春寒料峭，演员每演必大汗淋漓。

据史料载系由汉武帝“桴鼓舞赏劳军”而来，民间传说则有二，其一：它是驱邪趋吉的象征。据传，很早以前，有一种叫“年”的怪兽，每在年末岁尾扰乱乡民，而蹦鼓子高亢激越声震九霄，足令“年”闻而逃遁，驱邪趋吉自在情理之中；其二：蹦鼓子象征雷声，而雷与雨相系，这就自然而然地显现了百姓对风调雨顺的祈望和祝愿。

5. 鱼竿和渔翁

渔家女（鱼竿）为小旦打扮，头戴圆圆的斗笠，身披阔大的斗篷，手持装饰华丽的鱼竿，杆长约五六尺，缀有绣球、钓线、布鱼之类，表演舒展轻盈，翩然潇洒，与渔翁左右排列，可单舞或对舞，渔翁口挂白髯，腰系大带腰包，脚穿双岑鞋，二人如同《打渔杀家》的肖恩和肖桂英。在单项活动中他们上下船、钓鱼的表演细腻逼真，十分引人注目。有时二人还要逗着玩，不让其下船。因此上下船的时间拉得很长，整个表演给人一种优美欢快的享受。

鱼和余同音，人们通常把鱼和连年有余联系起来，表示人们对美好生活的向往，年节常听“有鱼（余）没鱼（余）？有鱼（余）有鱼（余）”的对话，年画也常有鱼形象跃然纸上。鱼不仅是一种吉祥喜庆的象征，还有“三多”的文化内涵，即多子、多福、多寿。其中多子的观念且表现得十分普遍而又强烈。因为多子方可多福，多福自然长寿。这正印证了“不孝有三，无后为大”的民间传统的“孝”文化。而鱼

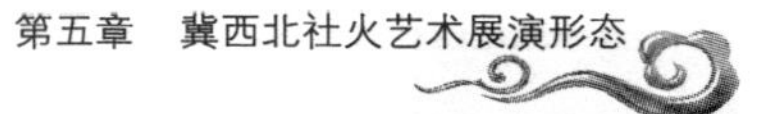

本身的强盛的生殖繁衍能力与弘扬种族延续兴旺的生殖崇拜文化，又正好对接。因此，社火中的鱼竿、渔翁恰好是表现此种寓意的隐喻。(见图5－3)

图5－3　万全区社火中的鱼竿和渔翁

6. 拉花和棒槌

拉花为一队女孩，身穿花色年装，头扎抓角，打扮得花枝招展。左右手各持甩掸子（亦曰掸尘），和舞棒槌搭档表演，舞姿健美轻快，淳朴大方。棒槌为孟良、焦赞等历史名将打扮，头戴箍儿，插公鸡翎，两手各持一根二尺多长、约胳膊粗细的木棒，运用腕功臂力，由两棒相撞，打出“卡卡卡”或“卡卡”的点儿，可单舞，亦可与拉花对舞。步伐轻捷灵巧，表演威武雄健，独具风采。

棒槌、拉花的出处有一段传说：金元时代，有一些强寇抢掠民女，涂炭生灵。“拉”是“抢”的意思，而“花”指姑娘，拉花即抢姑娘之意。为了男逃兵灾，女避奸淫，于是男女结伴，化装成演唱卖艺之人，女的手舞甩掸子，花枝招展；男的手舞棒槌，剽悍异常。其实是在背井离乡，外出逃难。

7. 王八和老妈子

均为丑角。王八头戴红缨帽，反穿皮袄，身带串铃，红彩裤。手持长鞭，鞭杆三尺，鞭绳丈余，是队伍中最活跃者。时而跑前，时而跑后，长鞭甩得“叭叭”响，不仅搞笑，而且是打圈子、维护秩序的角色。甩鞭也有技巧，出鞭利落，收鞭痛快，常使两旁看客一惊，却又一尘不染，此角色一般由成人担任，而且多为家无男童者，有“扮演王八能生男孩”之说。所以这个看似并不起眼的角色，常常有人到社上求之，甚或花钱买这个角色的也不乏其例。老妈子为丑旦，通常是男扮女装，梳络络头，鬓插花，大红袄，绿彩裤，手摇鹅毛扇。

王八、老妈子，这两个并不重要的角色，但蕴含有着很深的寓意。据传王八是神话时代的北方之神玄武，而老妈子正是玄武的妻子，玄武在道教中主管北方，所以北方百姓对玄武尤其崇敬。在中国的民间，人们对自己的敬畏者并不是远远避开，而是尽量亲近，与之打成一片。敬畏龙王又戏龙舞龙，惧怕老虎却反而将虎鞋虎帽穿戴在孩子们身上。由于传说中玄武是龟蛇合体，民间又称乌龟王八，故戏称玄武为“老王八”，而老妈子又是乡下人对老婆的俗称。这样一来，神与人便亲密起来。特别是队伍行舞的过程中，王八、老妈子一路嬉戏打逗，引得人们哄堂大笑。其实这不是一般的打逗，表示玄武夫妻在调情交媾，分明是一种原始的生殖崇拜，对于远古的人，生殖就是生命力，生殖本身就是最强大的避邪。由此可见我们的祖先在年复一年打磨社火的过程中，确实是下了一番功夫的（见图5－4）。

图5－4　蔚县社火表演中的王八和老妈子

资料来源：本书作者摄影。

8. 旱船

酷似花轿，轿顶轿侧由不同颜色的花布做成的彩链、彩球披挂，看去花团锦簇，色彩缤纷，十分美观，是一件制作精巧值得观赏的手工艺品。轿中是一位容貌俏丽、花枝招展的妇人盘膝大坐（假腿、假足），轿前有位拉旱船的丑童，轿后是手持浆板的老翁。表演者踏着秧歌鼓点，时进时退，时左时右，配合默契，而且表情专注，做出十分努力的样子，特别是丑童冲天梳一根辫子，更显得滑稽可笑。轿侧一边是手摇折扇的丑相公，脸上洋溢着得意扬扬之色，时不时地瞅瞅轿内的“美妇人”。另一边是丑婆，耳挂大红辣椒，手舞芭蕉扇，一副怡然自得的神情。此角色通常是男性出演，宽衣大袄，大脚大步，令人忍俊不禁，纵观之，很像过去的娶亲场面。它在社火中起着不容忽视的“调味剂”的作用，尤能激发人们的“观兴”，一观旱船做得好不好，二观媳妇长得俊不俊，三观演得真不真。

9. 转磨儿

（又名磨儿、抬阁）为十六人抬一“楼阁”，中间有轴，阁中有一男子，扮作纣王（喜神）形象，阁顶十字架的四角各有一名身着艳装的彩女，随轴而转，边歌边舞，宛如仙女，冉冉腾空一般，别有一番情姿。阁前阁后分别为纣王的爱将方弼、方相，二人都是身背木杠，约有丈余，杠上做一假手，看去如手托一般，杠顶处缚一个十多岁左右的小童，看上去很像一尊力举千斤的英雄雕塑。

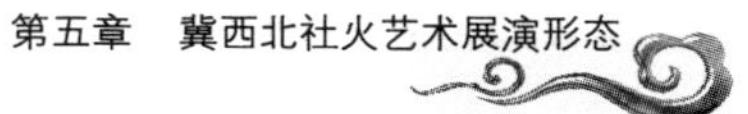

10. 高跷

高跷队阵容庞大，特别引人注目，表演者二三十、三四十个人不等，每人足蹬二尺多高的木跷子，扮作民间所熟悉的戏剧人物或历史人物，红、黑、生、旦、丑行当俱全，手中的道具随所扮角色的不同而各异。踏着鼓点，手舞足蹈，进退自如，如履平地，再加上弯腰、翻身、大转、大跳等一系列夸张性的动作以及角色之间诙谐风趣的戏逗，使人在哄笑之余，得到一种古朴清新的艺术享受。

11. 小推车

用木条制成独轮车架，左右两侧用布围合，画出车轮。表演时由一人扮演女子，用彩带把车驾起，假装盘腿坐在车上。车后有一推车者，在欢快、热烈的吹鼓乐伴奏下进行表演。车旁有一丑角逗趣，烘托气氛。主要有《送闺女》《走娘家》《送公粮》《支前小车》《送货小车》等节目。近几年来，随着农村产业结构的调整，农民的生活越来越富裕，推车所表现的内容也有所变化，除了反映传统的题材以外，人们把粮食、农副产品也搬到了推车上展示，充分表达了农民丰收后的喜悦心情。

12. 打棍

是万全独具特色的一种社火样式。“打棍”要打“戏”。万全流传的打棍戏有《岳飞大战金兀术》《水战杨么》《张飞夜战马超》《敬德把关》等五六出。表演者一律按戏剧要求扮装。每场打几出戏，每出戏不过是一个精彩的武打片断。开打时，双方将领各带一队人马（六至八人）彼此念几句开场诗，道明开战缘由，接着便各自摆开阵势，兵对兵、将对将，用多种棍法穿插开打。双方兵丁使用的兵器还有朴刀和厚木板制作的圆形盾牌。打起来噼啪震耳、呼呼生风，场面惊险、令人瞠目。既有戏剧武打的风采，又不失武术格斗的情致，气氛之热烈，顿使“社火”活动推向高潮。因此，“打棍”一直被作为压轴表演，与社火中领先的蹦鼓子可称得上龙头凤尾。难怪有人说：“无打棍不成社火”。自从“社火”中加进了“打棍”，便有了“文社火”“武社火”之分，凡有“打棍”的社火都叫“武社火”。

此外，还有其他的表演者，紧随其后，不受队形和节奏的限制，有很大的随意性，如身穿长袍马褂、手摇响环的卖膏药的，左手举什不闲儿（又名云锣或九音锣）右手摇货郎鼓的货郎，有手摇折扇的大小媳妇，有哗众取宠的道士、拐和尚，各种戏剧与神话传说中的人物，如孙悟空、猪八戒、白娘子、哪吒等等，不一而足。

除了以上内容外，蔚县的社火阵容广大，往往有舞狮子、耍龙灯，狮子 2 只、4 只、6 只不定，龙灯（舞龙）以 2 条居多，技艺娴熟，引人入胜。

各地社火大同小异，社火在表演过程中，又要走街又要打圆场表演。所以随着鼓点的指挥，队形做出相应的变化，以求既不单调，又华而不乱。

社火在初一至初五演出，十四、十五、十六是为高潮期，特别是元宵节之夜，表演者手提各种灯笼，（高跷队头顶灯笼）穿街走巷，形如游龙，灯火辉煌，更是一番热闹景象。

第六章　冀西北地区列入非物质文化遗产的社火种类[①]

非物质文化遗产，是指各族人民世代相传并视为其文化遗产组成部分的各种传统文化表现形式，以及与传统文化表现形式相关的实物和场所。包括：

1. 传统口头文学以及作为其载体的语言
2. 传统美术、书法、音乐、舞蹈、戏剧、曲艺和杂技
3. 传统技艺、医药和历法
4. 传统礼仪、节庆等民俗
5. 传统体育和游艺
6. 其他非物质文化遗产

张家口市历史文化底蕴深厚，以非物质基础形态存大的古老遗产，内容丰富、种类繁多、形式多样、风格鲜

---

① 本章内容来自田野考察、实地调研，张家口市文化局、蔚县、万全、怀安等县区文化局提供资料，张家口市非物质文化遗产保护中心编辑的《张家口非物质文化遗产集成》（第一辑）。

明，涵盖民间文学、民间音乐、民间舞蹈、传统戏剧、曲艺、传统体育、游艺与杂技、民间美术、传统技艺、传统医药、民俗等 14 个门类，张家口非物质文化遗产入选联合国教科文组织人类非物质文化遗产代表作名录 1 项，蔚县剪纸；入选国家级非物质文化遗产保护名录 5 项；入选河北省省级非物质文化遗产名录 36 项。如表 6－1 和图 6－1 所示：

表 6－1　　张家口市非物质文化遗产（省级以上）

序号	类别	名称	所在地	级别
1	传统音乐	竹林寺寺庙音乐	阳原县	
2	传统舞蹈	蹦鼓子舞	怀安县	
3		打棍	万全县	
4		王河湾挎鼓	宣化区	
5		曲长城背阁	阳原县	
6	传统戏曲	口梆子	市本级	
7		软秧歌	怀安县	
8		蔚县秧歌	蔚县	国家级
9		二人台	康保县	国家级
10		二人台	张北县	
11		二人台	尚义县	
12		赤城马栅子戏	赤城县	
13		曲长城木偶戏	阳原县	
14		高跷戏	蔚县	

续表

序号	类别	名称	所在地	级别
15	传统戏曲	万全秧歌戏	万全县	
16		阳原晋剧	阳原县	
17		蔚州灯影戏	蔚县	
18	曲艺	戳古董	张北县	
19		张北大鼓	张北县	
20		干嗑	张北县	
21		干嗑	尚义县	
22		干嗑	康保县	
23	传统美术	蔚县剪纸	蔚县	国家级
24		左卫墙围画	怀安县	
25	传统技艺	蔚县古民居建筑技艺	蔚县	
26		柴沟堡镇熏肉制作技艺	怀安县	
27		沙城老窖酒酿造技艺	怀来县	
28		莜面制作技艺	张北县	
29		青砂器制作技艺	蔚县	
30	民俗	蔚县拜登山	蔚县	国家级
31		三祖文化	涿鹿县	
32		打树花	蔚县	国家级
33		九曲黄河灯	怀安县	
34		九曲黄河灯	怀来县	
35		胡家屯社火	怀安县	
36		马桥	张北县	

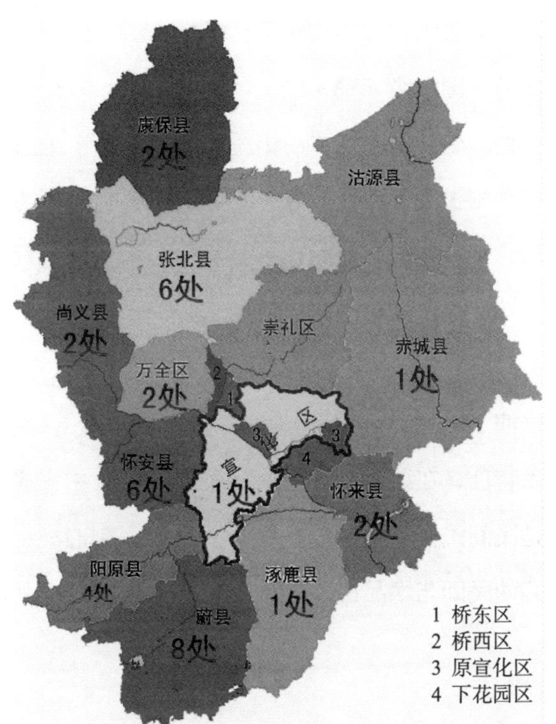

图 6－1　张家口市省级以下非物质文化遗产分布图

第一节　蔚县“拜灯山”

蔚县，古称蔚州，历史悠久，殷商时期古代国所在地，东临北京，南接保定，西倚山西大同，北枕张家口，为著名的“燕云十六州”之一，是河北省、乃至国内外闻名的历史文化名城，先后被评为中国文化先进县，民间艺术之乡，最佳民俗文化旅游城市等，有全国重点文物保护单位21处，中国传统村落名录35处，中国历史文化名镇2处，中国历史文化名村2处，国家级AAAA级旅游景区1处，国家AAA级旅游景区4处。蔚县被誉为“中国民间艺术之乡”，注重把民俗文化保护与旅游业相结合，每年腊月正月期间，举办民俗文化旅游节，把打树花、拜灯山、耍社火、看大戏等民俗活动与传统年节、旅游业相结合，吸引国内外游客到此过年。

蔚县拜灯山是古老而独特的民间社火种类，它集灯火、祭祀、表演于一体，庄重而神秘，祥和而喜庆，保留着原生态的艺术特色，在蔚县乃至河北省的民俗社火中占有重要地位，它是民间民俗文化的一个缩影，具有深刻的民俗文化内涵和较高的民间艺术品位。2008年入选为国家级非物质文化遗产。

一、历史传承

灯山是指灯山楼，蔚县上苏庄村拜灯山至今已有400多年的历史。明嘉靖二十二年建造村堡时，为使该村更加兴旺发达，取火生土之意，在堡墙南端建起灯山楼，以供火神之用。但又怕火神过旺，生出事端，便取五行相生相克的说法，在堡墙北端相对应地建起一座三义庙，供奉刘备、关羽、张飞。传说刘备是压火水星，这样就可以水火平衡。从那时起，上苏庄村每年的正月十四、十五、十六，拜灯山敬火神，摆香案供“三义”成为全村百姓最为虔诚的民俗仪式，代代相传。堡内南端的灯山楼，高达三丈（10 米），灰砖砌成，龛内没有神像，空空的只有一个巨大的梯式木架。一条条横木杠排得很密。这些木杠是拜灯山时放灯碗用的。灯山艺人们要在一层一层的木架上摆上灯碗，形成巨大的图案，一般为四周整齐的竖长方形的边，中间为“五谷丰登”“天下太平”等祝语。晚上灯碗中的灯捻点燃，图案就显现出来，平时没有灯碗，只是一个大木架。但村民们仍视之如神灵。

经历了明朝嘉靖年间的孕育雏形期、明末清初的成型期、清末民初与民间社火、戏曲相结合的丰富完善期和新中国成立至今的兴衰更迭的曲折发展期，在经济飞速发展，科技日新月异的 21 世纪，拜灯山活动焕发出新的光彩，每年元宵节前后 3 日，前来上苏庄观看拜灯山活动的国内外游客人山人海，中央电视台、河北省电视台曾多次对这一古老社火形式进行报道和现场直播。

二、主要内容

拜灯山是敬祀火神，各地区、民族有各种敬火神的方式，但蔚县拜灯山敬神的方式可谓举世罕见。拜灯山活动的基本内容有点灯山、拜灯山、耍社火、唱大戏四部分。

1. 点灯山

一年一度的拜灯山活动，从正月十二就开始筹备。村民们清洁灯山楼，准备祭祀用的供品和点灯山的灯捻、灯盏、麻油等。农历正月十四上午在灯山楼和三义庙之间的十字街口竖起灯杆，并将火神的牌位供于灯杆上。从堡门外到堡内正街还要在木架上挂起纸糊的长方形排灯和五颜六色的过街纸带，上书吉祥短语。排灯为十路，取十全十美之意。过街纸带平年挂 12 路，闰年挂 13 路，寓意月月平安、风调雨顺。下午，点灯山艺人要将数百个灯盏在灯山楼内的高达数米的层层木架上灯碗，由数百个灯碗摆出花边儿和吉祥字样，再把浸泡麻油的灯捻儿逐一插入摆好的灯盏碗。制作灯山繁杂精细，要求胆大心细，灯山楼前的民间艺人开始手持蜡烛将摆成图案的灯盏一一点燃。灯山字样最常见的有“五谷丰登”“天下太平”“国泰民安”“风调雨顺”“四季平安”“吉祥如意”等，不同的灯山艺人有不同的“绝活”，灯山图案全部由一盏盏的麻油灯盏组成，影影绰绰，具有一种朦胧神幻的美感，让人叹为观止。这时，身着盛装的点灯山的艺人们上供、烧香、礼拜后，鸣炮发令，拜灯山活动开始。

2. 拜灯山

这是灯山活动中最为壮观、热闹的部分。全堡百姓走出家门，齐聚灯山楼前。村民们事先选出一名父母双全的男童为“灯官”，装扮成县令模样，坐在由四名衙役抬着的独杆轿上，由村戏班子里的演员粉墨浓妆伴其左右，两名反穿皮袄的丑角前面领引，从戏楼出发一路敲锣打鼓向灯山楼行进。沿途，围观的人群熙熙攘攘，原本只有三四百米的路程要走上半个多小时。当灯官一行来到灯山楼的供桌前，只听一声吆喝：“拜灯喽！”灯官领头叩首拜祭，虔诚地祈求新的一年丰衣足食、国泰民安。列队、设案、焚香、作揖、施叩礼、敬拜火神，其态甚虔。四周的村民全是一脸的郑重和虔诚，祈祷生活的富贵安康。以灯官为首的一行人等拜祭灯山后，村民们和观光者都可自由拜祭。有小孩儿的父母还会将孩子高高举起攀援灯杆，以取长高、高升之意。一些已婚未孕的小媳妇们会在灯山楼前上香烧纸、磕头拜祭之后，还偷偷进入灯山楼内取六只灯盏，请回家中，供于灶王爷神位前，求得添儿增女，继承香火。

3. 耍社火

拜灯山后，祭拜队伍返回途中在堡中心伴随锣鼓点开始耍社火，或舞蹈，或嬉戏，表演者和观众共同沉浸在欢乐喜庆之中。

4. 唱大戏

当祭拜队伍和群众由堡内涌出堡外时，戏楼前已经张灯结彩，这时，鞭炮鸣，鼓乐起，大戏开，由村戏班子演员为村民演绎历史故事或神话传说。

时任中国民协主席的冯骥才在其文章《蔚县拜灯山》中说：对于拜灯山，我所看重的不只是这种具有神秘感的风俗形式，更是其中那种对命运和大自然的虔敬、和谐的精神，还有亘古不变的执着与沉静。

三、艺术特征

蔚县拜灯山民俗社火活动有着的广泛群众基础，经过约400多年的发展，融入民间文化的内涵，完善了自身特有的表现形式，形成了鲜明的个性特征。

1. 祭祀性

拜灯山源于对火的崇拜和民间祭祀，故在展演时既有社火活动的红火热闹，更具备了其他社火种类所没有的庄重严肃虔诚，承载着百姓敬神尚贤、祈求平安的精神寄托。

2. 程式性

共分四个环节，每个环节的每项活动都有具体的规范，一板一眼，程式性很强，形成了固定的程式性。

3. 多元性

拜灯山活动是在长期的民俗活动中，融入民间文化活动，发展吸收民间社火和民间戏曲艺术营养，形成自身特有的表现形式，具有民俗文化的多元性特点。

4. 稀有性

蔚县历史上虽有多处拜灯山社火活动，但多已失传，唯有上苏庄的拜灯山习俗保留至今，且独特而完整，因而具有稀有性。

5. 乡土性

拜灯山社火活动表现形式简约质朴，乡土气息浓郁，具有乡村社会特有的朴实厚重之感。

蔚县拜灯山项目代表性传承人为郭建明、康春、赵江等。

第二节　蔚县打树花

蔚县暖泉镇位于河北省张家口市蔚县西部，历史悠久，文化底蕴深厚，因镇中心有一四季长流、冬暖夏凉的泉水而得名。打树花是暖泉镇的地方传统民俗文化活动，是用熔化的铁水泼洒到古城墙上，迸溅形成万朵火花，因犹如枝繁叶茂的树冠而称之为“树花”，其壮观程度和震撼人心的力量远远超过燃放烟花。2007 年列入河北省非物质文化遗产名录，2011 年同“蔚县古壁画”“蔚县常平仓”两大文化遗产项目一起获得“大世界吉尼斯之最”，给打树花这一古老的民俗文化活动迎来了新的发展契机。随着打树花的知名度不断增加，打树花已是蔚县的一张亮丽的文化名片，春节期间，国内各地的民众都慕名而来，出现“十万人次赏树花”的盛况，

“打树花”表达了人们欢度节日和向往甜美生活的美好愿望。蔚县暖泉镇被不断搬上电视和银幕。中央电视台、地方电视台多次报道“打树花”，电影《窗花》还原了几十年前“打树花”的宏大场面，《鬼子来了》《小兵张嘎》等多部影视剧在此拍摄，越来越多的人们知道了这个美丽的古镇。

一、历史传承

最早记录打树花活动的，是唐代诗人李白，他在《秋浦歌十七首》中写道：“炉火照天地，红星乱紫烟。赧郎明月夜，歌曲动寒川。”754 年（唐天宝十三年）李白自广陵、金陵至宣城，往来于池、歙诸州，《秋浦歌十七首》即此时游秋浦所作。《唐书·地理志》记载：“秋浦固产银、产铜之区。”从李白的诗中我们可看到唐代的冶炼工人倾倒铜渣时“树花”迸溅的情景，紫烟中红星乱闪，极为美丽，并且有声有色，伴以歌舞。打树花起源于明朝万历年间，至今已有 400 多年历史了，暖泉镇的村堡兼有居住和军事防御功能的特点，铸造业发达，当时有好多铁匠作坊，“打”字源于古时的铜匠作业，之所以称之为“打制”或“打”，是因为铜匠并不炼铜，与冶炼浇铸之类的工艺无关，他们只是以铜板或铜片为原材料，用锤子之类工具敲打出诸如铜壶、铜锅、铜瓢、铜铲、铜锣、铜茶盘、铜锁之类的器皿来。每逢年节，富人们燃放烟花庆祝，铁匠们从打铁时四溅的火花中得到灵感，把熔化的铁水泼洒到古堡城门上方的砖墙上，犹如枝繁叶茂的树冠而称之为“树花”，其壮观程度远胜于燃放烟花。于是逢年过节，人们便将一家一户的废生铁收集起来炼成铁水，甩溅在堡墙上庆祝，后来便有了过年“富人放烟花，穷人打树花”的民俗。此外，打树花活动还被用来庆祝作战胜利，据称当时的咽喉要道飞狐峪一带成为匪徒的巢穴，周边百姓备遭荼毒。这一年的正月，土匪杀向暖泉一带，疯狂掠夺人们的财富。暖泉父老忍无可忍，在一位铁匠的带领下奋起反抗，最终打败了匪军，并缴获了大量的兵器。人们决定销毁这些带来灾难的凶器，于是把兵器一件件的扔入炼铁炉中，当铁水熔化时，铁水溅到炉外的墙壁上，瞬间四散飘落，灿若群星，更像灿烂的花冠。后来，打树花演化为民俗活动，树花专指用于驱逐鬼神的社火。这种特别的“烟花”吸引了越来越多的普通百姓，其热闹喜庆的氛围不输给拥有烟花的富人们。

二、主要内容

旧时，打树花一般在正月十五元宵节进行，在进行社火表演前，都要先祭祀火神，再到堡墙外面打树花，表达对火神的崇拜、敬畏、感恩。

1. 准备工作

打铁花前，工匠们烘烤浸泡后的柳木勺。柳木勺是表演“打树花”的必备道具，靠它把通红的铁水抛甩向空中，每场“树花”打下来，需使用木勺12把。木勺取材当地的百年老柳树，通过木匠师傅的精心雕琢，做成柳木勺。木勺在使用前需在水里浸泡三天三夜，表演前，还需在炭火中烤热。普通的木勺在滚烫的铁水中会被烧毁，铁质勺子散热快几下就不能用了。据当地艺人介绍，打树花用过的柳木勺具有避邪的功效，所以每次表演结束，柳木勺就成了抢手货。

2. 暖锅

“打树花”当天上午10点多开始，老师傅们提前把盛铁水的铁锅放上木炭，点燃后就在一边闲唠嗑。这是为了提前把锅加热到一定温度，在盛铁水的时候不会出现凝固，从而影响打树花的效果。

3. 熔炼铁水

炼铁水是最主要的准备工作，铁水用白口生铁、焦煤和青石三种原料，按照一定比例经过高温炼成，每场表演将用去生铁1 200多斤、焦煤四五百斤以及青石料若干。午饭过后，树花艺人已经开始架炉。炉子一共分两节，下面的是盛铁水的一个敦实的容器，上面则是烧炭火的炉子。而在“打树花”时，在鼓风机强劲的风力鼓吹下，熊熊燃烧的炭火将覆盖在其上面的废铁融化成铁水，铁水顺着炉子流到下面的容器中。最后这些铁水再被倒进原先热好的铁水锅中，这样掌勺艺人就可以用木勺舀上铁水表演了。

4. 祭炉

在“打树花”正式开始前，要有“祭炉”仪式，艺人们在巨大的炉筒造型前膜拜，然后用动感的舞步开始祭拜仪式，他们祈求表演顺利完成，不出现危险，希望新的一年风调雨顺。

5. 打树花

艺人们将熔好的铁水装入暖好的锅中，然后由四五个年轻力壮技艺娴熟的汉子，反穿羊皮袄，头戴湿草帽或湿毡帽，手持柳木勺子，轮番将铁水一勺接一勺向堡门墙上泼洒甩溅。一名好的树花艺人，一要胆量，二要力气，三还得有高超的技艺。否则勺子拿不稳，铁水会照直泼到头顶上、脚面上。“打树花”看上去原始而简单，但内行人都知道其中充满了艺术和技巧，力道轻重的掌握，泼洒高低的错落，节奏快慢的安排，臂力、腕力、腰力的配合，加上胆识、勇气、经验，才能打出的千姿百态树花，表演艺人和观众们还给它们取上诗意而形象的名称，如天女散花、蛟龙出海、满天繁星、百花齐放等等。

三、主要特点

“打树花”（见图6－2）完美展现了北方劳动人民粗犷奔放、勤劳勇敢的性格特点，是百姓盼望来年日子红红火火、蒸蒸日上的祈福仪式。

图6－2 蔚县暖泉镇古老城门前的打树花表演
资料来源：本书作者摄影。

1. 勇者的游戏，力量的象征

打树花需要将1 000多摄氏度的铁水盛在特制的柳木勺中，挥洒至十数米的城墙之上，一片火花未落，一片火花又起，表演者被笼罩在一片铁水遇冷迸出的巨大火花当中，铁花在表演者头顶不停地炸响开放，四外飞溅，铺天盖地。打树花对表演者腰力、臂力、腕力都要求极高，除了有力气、有功夫外，更重要的是有勇气、有绝招、有经验，稍一不慎，就会被火花烫伤。表演艺人则在火雨中泰然自若尽显北方汉子的阳刚劲健之美。

2. 祭祀驱邪，祈求美满

“打树花”在正月十五期间连打三天，用来祭祀天地，驱逐鬼邪，求得来年风调雨顺，吉祥幸福。期间，会有一群身穿原始服装，手拿兵器和农用铁器的舞者上场，音乐和舞蹈动作具有民间祭祀舞蹈的神秘和美感，仪式感非常强，颇具原始韵味。

3. 历史悠久，代代相传

“打树花”是河北蔚县暖泉镇别具特色的古老节日社火，已有400多年历史。他的传承和其他古老技艺一样，靠的是师父带徒弟，并且有专门的口诀代代相传。

第三节　蔚州高跷戏

高跷，又称拐子，是舞蹈者脚上绑着长木跷进行表演的形式，技艺性强，形式活泼多样，是民间传统社火中最常见的种类之一，在河北、山西、陕西社火中较为普遍，是一种群众喜闻乐见的民间文艺活动形式，而蔚县的高跷戏别具特色，更为引人入胜。

一、历史传承

高跷源远流长，早在列国时就有关于高跷的记载：“宋有兰子者，以技干宋元。宋元召而使见其技。以双枝长倍其身，属其胫，并趋并驰，弄七剑迭而跃之，五剑常在空中。元君大惊，立赐金帛。”《例子·说符》[①] 这是可以见到的有关高跷最早的记载。已故历史学家孙作云（1912～1978 年）在他的《说丹朱》中认为：“高跷源于原始图腾信仰、用于宗教祭祀仪式，又从杂技表演演变为扮演戏曲人物的舞蹈形式”。[②] 蔚州高跷戏，是传统民间艺术之一，表演者脚踩三至五尺高的木拐，走上街头，围着高桌边扭边唱。演唱时管弦乐队伴奏，其风格幽默风趣，引人入胜。张家口观众称“蹦蹦戏”，官方有时也称其为“秧歌”。蔚州高跷戏的形成和发展与蔚县的地理位置有密切关系。蔚县紧临山西，语言也属于晋语片，历史悠久，文化也多得晋文化濡染，当地高跷即源于山西晋北高跷，属于山西雁北脉系，与山西的雁北大同高跷秧歌为姊妹艺术，并结合了当地的民风民俗，风土人情而自成一体。

---

① 王力波．列子译注．黑龙江人民出版社，2003：209.

② 孙作云．孙作云文集（第 3 卷）．中国古代神话传说研究．河南大学出版社，2003：529.

蔚州高跷戏的传承，难以尽数查考，县城纸店头村的高跷艺人孙继忠（外国人），逢驾岭村的高跷艺人沈佃胜，南双涧村的孙宝山、任旭等人仅乙起其上三代。即到了清末民国初，蔚州高跷戏得到了迅速的发展与提高，于20世纪二三十年代进入了鼎盛期。1949年前后，蔚县的高跷戏班不仅在当地，而且在当年的察哈尔省会张家口以及东口外的张北、沽源和口里的崇礼、赤城、龙关、赵川一带广泛流传，影响极大。被誉为“塞上一枝红梅”。当年《察省民国日报》曾常常刊登出“本市各戏院近日座客稀少，怡安茶馆蔚县秧歌每日早晚，大有人满为患”的消息。

至于后来发展的表演形式不登拐子，在舞台上和其他戏剧一样说唱表演，已不能称之为严格意义上的高跷戏了。

二、主要内容

蔚州高跷戏最初的形式为边舞边唱的形式，传统高跷戏的剧目有100多个，经常演唱的有80多个。大体可以分为以下几类：

1. 反映神话故事、历史事件及传奇人物的

如《珍珠倒卷帘》《小放牛》《三国赞》等，《小放牛》通过二人问答式的对唱，唱出了40多个民间故事。

2. 修贤劝善，表现民间生活的

如《十劝人》《顶灯》《大烟是个害人精》《小寡妇上坟》《采茶歌》《逛河湾》等。

3. 反映爱情婚姻，表现青年男女相互爱慕的

如《打连成》《绣荷包》《掐蒜薹》《盼郎君》等。

4. 一些现代剧目

如20世纪60年代流行的《革命英雄传》《幸福不忘毛主席》《农家十二月小调》等。

三、艺术特点

蔚县社火中的高跷是具有浓郁地方特色的节目，表演阵容庞大，往往有数十人的规模，表演者们脚踩三五尺的“拐子”，披红挂彩，扮演某个古代神话或历史故事中的角色形象，翩翩佳公子，婀娜美娇娘，孙悟空、猪八戒、武大郎、潘金莲、济公、太白金星、货郎等，不一而足，服饰多模仿戏曲行头，常用道具有扇子、手绢、木棍、刀枪等，配合鼓乐，列队行进。表演形式有“踩街”和“撂场”两种。从表演风格上又分为“文跷”和“武跷”，文跷重扭踩和情节表演，边扭边唱，载歌载舞，插科打诨，武跷重炫技功夫，有的表演者技艺高超，动作惊险，带着一米多高的高跷翻跟头还能稳稳落地，有的时候会假装趔趄，吓得观演群众一身冷汗，让人看了瞠目结舌，不由得拍手叫好。总之，蔚县高跷戏体现出“高、险、奇”的特点。

第四节　代国战鼓

代国战鼓是广泛流传于河北省蔚县（春秋战国时期代国）城内的一种民间艺术形式，在每年的社火表演中都会被作为重头戏推出。

一、历史传承

代国战鼓历史久远，可以追溯到春秋年间，传说为出征前祭祀仪式上所用。数千年前古代王每次出征时都要击鼓助威、祈求上苍福佑，鼓舞士气，激发将士们奋勇争先杀敌立功。由于这种仪式庄严神圣、热烈激昂，逐渐发展到出征打仗、祭祀天地、大型庆典等各种场合使用，千百年来一直在民间传承发展，明清时期，内容更为丰富。目前，原始的鼓阵和鼓谱基本失传，保留的曲目多为明、清以来以民间社火为载体传承和延续下来的。

代国战鼓的项目传承人是出生于1963年的邸晓平，他拜著名的战鼓老艺人高升、王志明为师，虚心学习并熟练掌握了传统代国战鼓中的演奏曲目和演奏技巧，并把从师父那里

学来的鼓经和表演形式进行记录整理，保留了大量代国战鼓原始鼓经资料，编写完成了第一篇《代国战鼓》鼓谱，鼓谱分为祭祀、出征、对阵、凯旋等章节。

二、表演形式

表演中，代国战鼓的阵容非常庞大，动辄四五十人，主要演奏乐乐器为大鼓，并配以铙、钹等打击乐器。鼓为大鼓，一般鼓面大、鼓底小，鼓面直径近1米，置放于特制小推车上，（或带轮可移动的铁架)。表演时，一人一鼓，众击鼓人列队表演，有连击、单击、边击、滑击等技巧和章法，边击鼓边舞蹈，鼓可移动，并随时变换阵式。主要表演形式有列队表演、排兵布阵、祭祀鼓乐、凯旋鼓阵等。锣鼓经大致可以分为快、中、慢三种奏型，分别表现喜庆激越、沉着稳健、庄严神圣的场面。其演奏的主要锣鼓经有“帽儿”“喜鹊登梅”“长套子”“连三锤”“海沙”“秧歌闹”等10余种，这些锣鼓经既可以独成章节，又可以连接配套。形式灵活多样，气势恢宏壮观，鼓乐激昂喜庆，舞蹈劲健壮美、色彩艳丽丰富，极富观赏性，是广大劳动人民农闲、喜庆丰收、节日庆典时主要的社火形式之一(见图6－3)。

图 6－3　2016 年春节期间蔚州镇社火队的代国战鼓表演
资料来源：本书作者摄影。

代国战鼓历史久远，经历了漫长的发展之路，是研究当地历史文化，了解古人民风民俗、生活习惯及精神寄托等诸多方面重要宝贵的历史资源，具有重要的研究价值。

第五节　蔚州活马舞

“活马舞”，民间俗称“耍活马”，为张家口蔚县民间社火传统的表演项目，与流行了万全、怀安等地的“骑毛驴”极为相似，但又有自己的独特之处，体现了蔚县的文化特色和纯朴民风及老百姓的艺术创造力，入选张家口市第二批非物质文化遗产名录。

一、历史传承

蔚县活马舞历史悠久，可上溯至秦汉时期的“百戏”，来源于蔚州人的日常生活，蔚县是古代国所在地，明朝著名的“燕云十六州”之一，自古是兵革之地，马在百姓居民生活中占据着重要地位，是主要的生产、交通工具。出行驾车、缰场驰骋，马成了当地人的亲密伙伴和重要资源。辽宋以来，活马舞在蔚县民间各地广为流传，是元宵节社火活动必备的表演项目。明清两朝，逐渐发展成为有文武场伴奏，载歌载舞的大型设摊表演活动。“活马舞”流行于蔚县民间各地，新中国成立后，在蔚县百姓中一提起逢驾岭村的“大洋马”个个伸出拇指啧啧称道。时至今日，每逢元宵节，“活马舞”仍然是蔚县民间社火表演队伍中最吸引眼球的表演之一。

二、表演形式

1. 道具

蔚州人养马、牧马、用马、爱马，为马刮毛、梳尾、修蹄子、配备漂亮的笼头和鞍子，有的还会在笼头上挽上红缨缕，脖子上戴上一个跟它眼珠大小差不多的铜铃铛。这就是活马舞蹈道具的原型。心灵手巧的民间艺人用柳枝、竹条、木棍扎骨架，蒙上黑纸或黑布为皮毛，染黑麻束做马鬃马尾，制成惟妙惟肖的活马道具。

2. 舞蹈表演

活马舞有独舞、双人舞及群舞等，骑者（多扮成小媳妇的样子）和马其实是由同一演员表演的，下半身演马的走、跑、惊、跳等动作，上半身演骑者在各种情况下的神情姿态，动作和谐，舞姿风趣幽默，表演动作复杂多变。舞蹈有兵俑列队、倒回门、摆阵图、撒缰小跑等。沿街表演时，一般情况下，先以集体舞开场，表演者们化妆成与表演内容相适应的人物和装扮，在铿锵有力的打击乐伴奏下，时而撒缰奔驰，时而收缰小跑，突然马失前蹄，惊险中又见悬崖勒马。还有边歌边舞的表演等形式。

3. 演唱、伴奏

在社火中常演唱的唱词有以下两段：

其一：正月十五闹社火乡亲们红火，三官庙前耍社火吉祥乐万家。

消灾祸喜看谷黍麦麻年景好呀，到中秋赛社谢茬咱还在这堡前耍。

其二：骑活马呀走天下呀走天下，好绸缎送到了那么千呀么千万家。

大元宝小锞子装满了捎褡（即褡裢），回家去婆娘见了笑哈哈呀么笑哈哈。

唱时，舞队又随着音乐伴奏迅速转入轻快的跑马舞蹈。传统的舞马伴奏，以元明时期北方弦索中的“八板”曲牌为主，清脆嘹亮的北方娃声，悠扬悦耳，古香古色的杭州笛音，甘甜细腻的小壳子胡呼，既具中原细乐的优雅，又有粗犷豪放的北国胡声，堂鼓、小锣与小镲的灵活配合，恰似马戏团中的小丑，顽皮地穿插于整个优美动听的旋律之中。

三、特点

活马舞长期活跃于民间，具有浓郁的乡土味和民间性，唱词多用方言土语进行演唱，舞蹈表现老百姓马背上骑行驰走，既有艺术观赏价值，又可体现出地方的民俗民风，表现了老百姓无穷的艺术创造能力。

第六节　阳原曲长城背阁

阳原县位于河北省西北部，隶属于河北省张家口市。东接宣化，南连蔚县，西与山西大同毗邻，北与怀安县和山西省天镇县交界。背阁是民间社火中常见的表演艺术，在各地地方志中多有记载，特别流行于山西、河南等地，在冀西北地区也曾广为流传，以临近山西的阳原、蔚县等地为常见。由于表演形式较为繁复，表演难度较大，各县、村社火中的背阁逐渐减少，阳原县揣骨疃镇的曲长城村，一直把这种表演形式原汁原味地保留下来。作为一种古老的民间艺术，曲长城背阁从最早作为祈福娱神的舞蹈体育，发展成群众喜闻乐见的一种喜庆娱乐、独特的文艺表演形式，经过几百年的传承和完善，已成为张家口区县独树一帜的典范。2009 年，曲长城背阁入选了河北省非物质文化遗产。

一、历史传承

据传，背阁产生的灵感源于人们观看社火时，小孩看不见，大人把小孩扛在肩上，在人群飘摆，煞是好看。艺人们受到启发，做成背阁架子，把小孩绑在架子上，进行舞蹈表演。明永乐年间，大量山西移民来到蔚县地区，带来了背阁这种社火艺术形式。到了清朝末年，背阁已经普及阳原十多个村庄，后来大部分乡村已失传，而曲长城村却将这一表演形式代代传承下来。曲长城村的背阁开始于苏家“凤贤堂”班，从最早作为祈福娱神的民俗舞蹈，经过几百年的传承和发展，成为一种喜庆娱乐的独特社火表演形式，每年春节、元宵节都要进行表演，深受群众喜爱。20 世纪 80 年代，阳原县文化馆派辅导干部在传统背阁基础上推陈出新，刻意出新的背阁《嫦娥奔月》，参加了张家口地区民间文艺汇演，并获优秀表演奖。龚学军为背阁的第十一代传人。

二、表演形式

曲长城背阁是河北阳原的舞蹈的一种独特表演形式。“阁”用铁棍和木板制作，选择五六岁至十来岁，机巧灵动胆大的小孩站在横板上，在胸前有一片弧形铁片，正好与小孩前胸的弧度相吻合。大人们用布带把孩子的上身和腿与架子捆在一起，然后化妆、穿演出服。下面人的头部正好遮住后面露出的一节铁棍，所以从前面看孩子仿佛是在空中。背阁还有单、双之分，双背阁是一个大人背两个小孩。演背阁的演员分为两组：一组是站在架上表演的六七岁的小孩；另外一组是负责背小孩的四五十岁的中年壮汉（特殊者一人能背两个孩子）。在表演中，下面的壮汉边走边扭，随之带动上面的小孩也舞动起来。小孩手持彩绸，翩翩起舞。小孩要随着大人进行表演，大人随着音乐的节奏做舞蹈动作，乐队的乐器，曲牌与踩高跷乐队基本相同。旧时的背阁有十二架单人，一架双人，后来发展到二十四架单人，两架双人。排队形也有讲究，十二架意为一年十二个月，如果有闰月年，闰几月双架就排在第几位。没有闰月年，表演时双人架就排在最前。

三、艺术特点

作为一种民间文娱活动，曲长城背阁有很高的艺术价值。曲长城背阁，它既有丰富的舞蹈语汇，又有固定的程式和规范。在表演中除喜娱欢庆之外，或多或少还保留有图腾舞的遗俗。舞蹈和体育主要起源于人类的生产实践。当狩猎满载而归，或喜获丰收之时，都会唤起人们的激情手舞足蹈起来，而最早的舞蹈大都是朴实的模拟生产动作，再现生产过程的劳动舞（见图6－4）。

图6－4　曲长城背阁
资料来源：本书作者摄影。

第七节　万全打棍

河北省万全县有着悠久的历史文化传统，西周之前，曾属冀州、幽州、燕州地域，春秋时为燕国北境，秦时属上谷郡，两汉置宁县，晋以后分属辽、金、元之地。到了明代，为抵御元朝残部反扑，朝廷设万全左、右卫，镇守坝上、坝下咽喉要隘——野狐岭防线，右卫城建在了古得胜口南1.5

公里处（今万全城）。稍后又在5处重要关口建起了坚固城堡，即张家口堡、膳房堡、新开口堡、新河口堡、洗马林堡。与此同时，朝廷实施“南民北移”政策，大批来自山西及南方的移民来到县境，选择水源充足，土地肥沃，适宜居住的地方定居下来。就是在这一历史时期，县境内的大部分村落开始形成。明隆庆五年（1571年），蒙汉双方罢兵言和，随即蒙汉贸易兴起。万全右卫城、洗马林堡等因天时地利人和等因素，贸易十分发达，从而带动了万全社会经济的空前发展。

万全自古以来就是兵家必争之地，是汉民族与北方游牧民族战争、交往频繁的地方。政权更迭，战争频发，大量移民，自然也带来了各地的民俗习惯，从而丰富了万全民俗的内涵。通过承受、再创、整合的过程，万全民俗逐步融汇了东南西北各地的民俗，塑造出万全民俗的整体特色。万全打棍就是在悠久的历史长河中形成的优秀民俗。2009年5月，万全打棍列入河北省非物质文化遗产名录。万全打棍是万全独有的一种广场艺术，其气氛刚劲、火爆、热烈，明显不同于一般的文社火，具有故事性、武术性和艺术性，所以在全省乃至全国也是独一无二。每到逢年过节，村里总要打上几场，时常不断地参加县乡各种汇演。2010年，万全打棍还给韩国参观考察团表演过，受到热烈欢迎。

一、历史传承

据考证，打棍这种艺术形式起源清朝乾隆年间，距今约250年左右。当时有个拳师叫宋林，练得一身好拳脚，功夫十分了得，在宣化设镖局，专做宣化到大同的镖，生意兴隆。晚年隐退后，选择了洋河岸边，风光秀丽的万全龙池屯村定居。热情的村民、豪放的民风令宋林十分感动，就想把自家的一身功夫传于村民。于是在村里设了拳房，学习者众多。一年，宋林看了龙池屯的社火表演，受到启发，就想创立一种将棍术、健身、娱乐融为一体的“武社火”。他根据武术中的打棍、吸收戏剧中的故事情节及武场伴奏、社火表演中的艺术元素，独创了打棍艺术。一开始，叫宋者表演、后来叫宋氏棍术，再后来定名为打棍。打棍很受村民欢迎，学习者非常踊跃，因此这种艺术形式便流传下来。

第八代传承人李德元，熟练掌握《岳飞大战金兀术》《张飞夜战马超》等古装戏的剧本、剧情、动作及台词，是打棍的台柱子。他还主创了《杜鹃山》《智取威虎山》等现代戏，并在20世纪70年代经常上演，受到村民喜爱。打棍的主要表现手法是棍法，所以有20多种，他都烂熟于心，一招一式，有板有眼。为了进一步扩张打棍的表现力，他还创作了五虎、夜叉二路棍法，手法密集并神出鬼没。现在他是打棍的灵魂人物，村里组织打棍，没他就没了主心骨。他能准确把握每部作品的主题及创作风格，通过变化多端的棍法完美展现故事情节，讴歌英雄和正义。(见图6－5)

图6－5　传承人李德元老人在龙池屯村委会前教习打棍
资料来源：本书作者摄影。

二、主要内容

1. 流传的主要剧目

历史上都是打老戏，如《岳飞大战金兀术》《张飞夜战马超》《水战杨么》《敬德把关》等。“文革”时期，因禁演老戏，村里的艺人们还编排了现代戏，如《智取威虎山》《杜鹃山》等。

2. 主要表演形式

打棍就是打戏，大多改编自传统戏剧中的经典片断和情节，由两队演员分别扮演对峙的双方，每方的演员穿着戏曲大靠服装的“大架”和扮演步兵“小架”组成。“大架”实则是大将，张家口方言当地前鼻后鼻音不分，即读音变异为“大架”，扮演将领，每队一般为 1 名，是打棍的主演表演者，在表演中幅度大、动作激烈，是最为精彩的部分。“小架”即小将，由 10 余个至数十个组成，“小架”的装扮经常是一队为士卒，另一队装扮成孙猴的样子，称之为“猴儿”。据称之所以扮成猴子的样子一则是为了突出敌对双方，一般由扮演反而角色的一方扮成“猴儿”，表达对敌人的轻蔑，有“耍猴”之意味；另一种原因是说猴子比较灵巧活泼，与“小架”的身份也相符。“小架”的表演变化多样，可以单独对打也可以集体对阵，并配合“大架”进行埋伏、围攻等演出。开打时，双方将领各带一队人马，彼此念几句开场诗，道明开战缘由，接着便各自摆开阵势，兵对兵、将对将，用多种棍法穿插开打。

3. 道具

打棍道具独特，大将多使棍、锤、叉，小将多用棍、盾和刀等。棍：虚拟化的矛。主要有梢子棍、齐眉棍、双节棍等；锤、叉；盾牌、刀。

4. 棍法和刀法

万全打棍套路主要是棍术和刀法。棍术：因棍多，套路也多。大将与大将的打斗中，棍法变化多端，计有八种：有二龙头、不见天、五虎、夜叉、缠丝、阴魂棍、杆子棍、七棍。(据资料记载，上辈人打棍时，曾有20余种棍法，另外还有：大十字、老八点、三十二下、三点头、三耧腿儿、二龙头、梢子棍、小春秋、霸王举鼎、背棍、单棍、旋棍等）刀法有单打，有双打，还有混打等。主要有三劈刀、背牌、三点水、杀头等；锤、叉：主要是单枪锤、单枪叉等。

5. 服装

打棍着戏装，主要穿靠、铠、箭衣马褂、兵衣、盔头（帅盔、草王盔）等。

6. 打棍伴奏

打棍伴奏与晋剧打击乐中关于“打斗”场面的伴奏音乐相同，乐器有司鼓、战鼓（堂鼓)、铙钹、锣等。主要曲牌有：紧张令、四击头、战场（快、慢)、滚头、打马腿、水底鱼等。打棍就是打戏。

三、艺术特点

按艺术大类划分，打棍属于社火类。但因其是吸纳武术、戏曲、社火中的多种艺术元素独创而成，所以与一般的社火比起来，具有鲜明特征：

1. 故事性

在一定的故事背景下展开。打棍就是打戏，而戏都有完整的故事性，情节紧凑、悬念迭起，最后是大结局。打棍借鉴戏曲的曲折情节，加以概括和精练，浓缩成一个精短故事，而且情节重点围绕“打”字展开，使表演内容更具情节性。

2. 融合性

多种艺术形式。打棍脱胎于武术、戏曲、社火等艺术形式，但又不是简单拼凑，而是进行巧妙结合，所以打棍既是一种独立的艺术形式，还可随处看到武术、戏曲、社火等艺术品种的影子，如武术的动作刚劲勇猛及套路繁多，戏曲中的故事情节及打击乐伴奏，社火中载歌载舞及广场表演等，所以是“武术”而又不完全是武术，是“戏曲”而不完全是戏曲，是“社火”又不完全是社火，从而具有多重艺术性。

3. 尚武性

打棍真打。武术是一种格斗艺术，要求动作力度饱满，具有爆发性。打棍的动作设计中，棍棍都是奔人的要害部位去的，如头顶、鬓颊、咽喉、胸部等。可以说是棍棍凶险、招招厉害。所以打要真打，防要真防，否则就会挨打，轻则损伤肌肤，重则伤及器官。因其激烈的对抗性，因而有了突出的真实性（见图6－6）。

图 6－6　2015 年春节期间，龙池屯村戏台前的打棍正在热烈进行

资料来源：本书作者摄影。

附　万全社火中的秧歌小戏《捐款路上》*

汉：（唱）大步流星走下山——

爬坡绕梁行路难。

镇子上捐款献爱心，

灾区有难众分担。

（白）这几天，俺们万全人都为灾区积极捐款，刚才我背着老伴从家里拿了两千元钱，要到镇上为灾区献上一点爱心。不瞒你们说，俺的那个老伴呀，是出了名的抠牙鬼、铁公鸡、一毛不拔的灰东西。他要知道了，不和你闹个鸡飞狗

---

* 本书收录时有部分删改。

跳才怪哩！

幕后声："死老汉，等等我！"

汉：娘呀，她倒雾嘟嘟地撵上来了！

（唱）：听得老婆子一声喊，心里咚咚跳得欢。

进不是来退也难——男人最怕妻管炎哎。

（李妻身背包裹气喘吁吁上场）。

妻：死老汉，害得我豁上命的把你撵，顾上出气顾不上喘。说！

汉：说甚？

妻：家里的那两千元钱，是不是你偷的？

汉：咋说的那么难听，拿自个儿的钱咋能算偷的？

妻：偷的！

汉：拿的。

妻：偷的！

汉：啊，偷的，偷的。

妻：高点！

汉：偷——的——

妻：举起手来！

汉：闹甚？

妻：搜身！

汉：（不情愿地举起双手）大白天搜身，犯法哩！

妻：这不叫犯法（没寻到钱，恨恨地）说实话，钱哩？

汉：钱，放——

妻：放哪儿了？你拿钱是不是要送给你那个老情人？

汉：看你说的，俺有那心也没那胆，多少年，老实巴交属你管。医院里，我就看了她一眼，浅灵灵让你揍了个扁，临了还有点不解气，加罚三天跪搓板。

妻：看把你屈的。

汉：哎，不屈。谁家都是女人说了算。

妻：平日里，每月5块零花钱，你一直不敢有怨言。现如今，你屁也不放拿两千，难道说，想另立山头搞单干？

汉：什呀？我搞单干？老伴呀——

（唱）你知道，我人笨不会做个饭，搭面搭成黄梨儿蛋。山药切成四六瓣，焖粥焖成乍粘饭。

你说说，我吃饱撑得没事干，偏找倒霉受熬煎？

妻：（接唱）醋不酸，糖不甜，那你拿钱为哪般？今天不说个一二三，难逃姑奶奶这一关。

汉：（接唱）你说话总是像审判，我总是那个嫌疑犯。今天我就不告你，我的姑奶奶呀，我的姑奶奶，看你拿我怎么办？

妻：哈哈，反了你了（把包裹一放，双脚起跳，李老汉见状就跑）你给我站住——（李妻追，李老汉跑，两人转圈）。

汉：（边跑边说）今个儿，我也硬气一把——说不站，定不站。

妻：（气喘吁吁）好！（背起包裹）

（唱）哎哟，哎哟，哎哟，哎哟，

李大鼻子，李二蛋，竟敢跟我对着干。

我立马走，不迟延，活该你成个单身汉。

天天啃那黄梨儿蛋，顿顿吃你的乍粘饭。

守孤单，受熬煎，耗子晒暖暖灰板板。

汉：（接唱）哎哟，哎哟，哎哟，哎哟，

铁公鸡，二老板，请你不要吓唬俺。

我就爱吃黄梨蛋，我就爱吃乍粘饭。

天天吃，心甘愿。俺要当回男子汉，

立马翻身得解放，再不叫你妻管严。

妻：（接唱）嫁到你家四十年，

汉：（接唱）啥事儿都是你说了算。

妻：（接唱）女人能顶半边天，

汉：（接唱）男人也是一座山。

妻：（接唱）你私自拿钱我就管，

汉：（接唱）想拿就拿我有权。

妻：（接唱）你大胆，

汉：（接唱）你少管。

妻：（接唱）李二蛋，

汉：（接唱）二老板……

（白）俗话说，大路朝天，各走一边，二老板，背上你的行囊包裹，爱去哪格儿去哪格儿。我李二蛋保证不拉不拽不管不拦。

妻：（对观众）猫子吃了菜，——日了怪了，他平日把我当佛爷供着，我这里一瞪眼，他就得赔笑脸，我这里使劲吼一声，他腿肚子立马就转筋。今儿个咋了？怎么就尥开蹶子了？哎哟——

汉：老板子，你咋了？

妻：崴了孩他娘的脚拐子了。

汉：我给你揉揉？

妻：戳惊！（对观众）不行，男人们不能惯性！（冲李老汉）你今儿要说个清酱香油还则罢了，你要是不说——

汉：咋？

妻：我就从这个崖头上跳下去，你信不信？

汉：不信！

妻：好！（对观众）老少爷儿们，由你们作证，我这里可要跳崖头了哇！——（作要跳崖状，李老汉一把扯住）。

汉：我的姑奶奶，千万甭介！千万甭介！

妻：敢情你也怕遭人命了，（把包裹一放，屁股往上一坐，再用手一指，命令地）说！

汉：说就说！

（唱）掰指头数数近几年，穷山沟变成米粮川，

荒山变绿果树成片，小日子过得比蜜甜。

（白）我问你，如今的好日子是谁给的？

妻：自然是党，是党的好政策。

汉：我再问你，党和国家有了困难，咱该不该分担？

妻：该分担！

汉：灾区有难，咱该不该帮助支援？

妻：该支援。

汉：那我就实话实说了！

（唱）我是四十多年老党员，凡事应该走在前。

我要将钱捐灾区，帮助他们渡难关。

俺的主意定，俺的心不变，分居离婚——哼！

你看着办！

妻：（气极，歇斯底里地）你个李大鼻子李二蛋，你个狼不吃狗不啃的死老汉！

（唱）听此言气得我浑身打颤颤，似小刀剜我的心尖尖。

咱们俩同甘共苦四十年，这钱是否有我一半？

汉：有你一半！

妻：（接唱）你是党员走在前，难道说，我是文物缺心肝？

我是你的妻，你是我的汉，捐款该不该商量着办？

汉：是该商量着办，我怕你——

妻：怕我甚？

汉：怕你一毛不拔！

妻：呸！（李老汉揩脸）

妻：就你懂得献爱心，难道我就是外一根筋。你把我看成甚的个人，你说我伤心不伤心？

（哭，用拳头使劲捶打李老汉的背）

汉：这么说，你同意我捐款？

妻：（揩泪）我说过半个不字吗？

汉：这可是三间房看成间半了，新瓦房看成猪圈了。（跪倒在李妻面前）老婆子，是我有眼不识金镶玉，错怪你了，错怪你了！

妻：快起来吧！你不怕丢脸，俺还怕笑话哩！

汉：不怕我也跪惯了。

妻：起来吧。

汉：大丈夫能屈能伸，叫起来就起来。老婆子，话也通了，气也消了，你呢，背上包裹回家吧。我也该上路了。

妻：回家？我要跟你到镇上去！

汉：你去干甚？

妻：我包里是两床新棉被，捐给灾区表心意。

汉：新棉被不是给儿子结婚准备的吗？

妻：你忘了前天儿子来电话，说要推迟婚期。我先捐给灾区，以后再做不迟。

汉：亲爱的老婆子，亲爱的老婆子，你真好，真好。

妻：你少寡吧！

汉：都说老婆子是个铁公鸡，却有金子般的一颗心哩。

妻：少贫嘴。你背上棉被，咱快快上路吧。

汉：好，走。

汉、妻：（载歌载舞）

石榴结籽一圪都儿红，咱和灾区人民心连心。

千人万众伸援手，危难之中显真情。

（创作：倪昌有，提供：张振山）

第八节　怀安、万全的蹦鼓子舞

蹦鼓子是冀西北地区社火表演中最为独特、重要、声势浩大的一种，流行于洋河北岸的怀安、万全一带的村镇。大多是以鼓带舞或以舞伴鼓表演，动作由慢到快，节奏高亢激越，达到高潮时边舞边喊，铿锵有力，后有男扮女装的各种角色穿梭舞动，锣鼓和歌舞交织在一起，金声玉振，健美豪放，场面十分热烈。怀安左卫镇第四屯村位于洋河南岸，凤

凰山下，依山傍水，风光秀丽，如建于明永乐年间，嘉靖四年（1525）筑土城堡，一直是洋河岸边重要的军事屯堡。第四的蹦鼓子在全县乃至张家口市都享有盛誉。1980 年春节，全县参加文艺汇演获得二等奖；2007 年在怀安县围棋艺术节上表演蹦鼓子舞，受到外国友人的青睐；2007 年市参加张家口非物质文化遗产文艺调演，受到领导和专家的好评。入选河北省第三批省级非物质文化遗产名录。万全县西部与怀安毗邻的洋河两岸村镇流行的蹦鼓子舞，与第四屯的蹦鼓子舞同源同宗，一脉相承，入选第一批张家口市非物质文化遗产项目。

一、历史传承

关于蹦鼓子的由来，有不同的说法，有的学者认为该民间艺术是由汉武帝桴鼓舞赏劳军而来，据此推算，蹦鼓子已有两千年的历史，民间传说有四：

一是传说很久以前朝廷奸臣当政腐化暴虐，农民揭竿而起。一次义军遇到一座由官军把守很严的城池，久攻不下，便以社火和蹦鼓子舞形式，乔装打扮，混入城中，施以智取，很快占领城池。这种以智取胜的战例流传下来，便逐渐演变成民间社火和蹦鼓子舞。二是李自成与周玉杰大将在争夺地盘时创设的。两军交战时，双方各自布阵，旌旗飘荡，锣鼓喧天，为了示威，双方蹦跳着擂鼓，同时增加士气。至今，在何家屯村蹦鼓子时一方要说：“乌江旗在河南，金鸡岭上把身安。”另一方说：“坐宝座各抖雄威，忠二郎四乡乱曹。”打棍中还有“白英魁杀气冲天，锁子甲脚叩三欢”“宝剑分开龙虎斗，腰挂兵剑神鬼怒”等。三是驱邪趋吉的象征。据传，很早以前，每在年末岁尾，常有一种叫“年”的怪兽，骚扰百姓，而怪兽怕声怕火，为了驱兽，百姓逐渐演变得打鼓驱“年”蹦鼓子声震九霄，足令“年”闻声而逃，驱邪趋吉自在情理之中。四是蹦鼓子象征雷声，而雷雨相系，所以蹦鼓子的由来原出于百姓风调雨顺的祈望和祝愿。

二、主要内容

蹦鼓子的名称非常形象，就是要蹦起来敲鼓，边敲鼓边蹦，或者说，以鼓带蹦或以蹦伴鼓。表演蹦鼓子时。不仅表演者要敲鼓，还有指挥者敲鼓，并配有铙钹马锣。表演者的鼓点要与指挥者的鼓点一致，同时表演者随着鼓点蹦跳表演(见图 6－7)。

1. 规模

蹦鼓子舞在表演人数不拘，一般都阵容浩大，在社火中起着引领队伍，领头开道的作用，怀安第四屯社火队伍阵容庞大，少则 70 人，多则上百人，其是鼓手 12、16 人不等。

图 6－7　2015 年春节期间，龙池屯村社火表演现场的蹦鼓子
资料来源：本书作者摄影。

2. 拧鼓人

在蹦鼓子表演中，打鼓人有特定的称呼，叫作“拧鼓人”。传统的蹦鼓子表演拧鼓人为武士打扮，每人腰间挎一个直径约 50 公分的牛皮鼓，手执鼓槌，按照指挥者的布阵要求，有节奏地敲打，配合铙钹马锣。动作有快有慢，高亢激越，边舞边喊，铿锵有力一般为 12 个人，分成四组，每组 3 个人。3 个人中，一个人是领头者，多为男子，他身穿红色的衣裤，头戴绿地黄边的包头，前胸和后背缀满闪光的金属饰品，腰系绿色彩带。另两个人可以是女子也可以是小孩，他们都是头戴包头的彩带，额头写有“佛”子，头的两侧插两个羽毛，其中一个手执短木棒随着鼓点相互敲击，扮成猴的样子，称为“耍猴”；另一个手持绑有红绿彩带的小棍，随着

鼓点左右晃动，称作“操弹子”；不过这二人的服装是有区别的，一个粉色，一个黄色，与领头的红色合在一起，就是那种乡村最喜欢的暖色“红红火火（黄黄）”“绿个铮铮”“粉个莹莹”。现代的蹦鼓子是在传统的蹦鼓子的基础上改变而来的，领头者变化不大，传统中的耍猴和操弹子都换成了小腰鼓。服饰上与传统略有区别，怀安的拧鼓人身穿彩服，头戴桃尖帽，嘴留八字胡，两眼中间涂白，一副丑生打扮。万全县的拧鼓人则为传统武生打扮，头戴月儿，上身剪袖子，下身红彩裤，色彩更浓烈一些。他们一般是 16 个人分成 4 组，每组 4 个人。锣鼓和歌舞交织，气势宏伟，场面热烈。

3. 鼓点和动作

无论是传统蹦鼓子还是改良后的现代蹦鼓子，所沿袭的蹦鼓子的鼓点和动作是不变的。鼓点有鱼戏水、凤凰三点头；动作有单起脚、二起脚、张飞跨马、鹞子翻身等，动作由慢到快，节奏高亢激越，先是转圈亮相，接着是踢四门，也称攻四门，即从四个方向进攻，随后就是走阵，最后就是对打，对打就是“打棍”。这里的打棍区别于万全安家堡龙池屯的打棍，是棍与铜牌（短刀与盾）的对打，棍法有扎山枪、背棍、梅花棍、单六头、双六头、大十字、八棍、三两点阵、穗子棍、铜牌棍等。达到高潮时边舞边喊，铿锵有力，后有男扮女装的各种角色穿梭舞动。

4. 阵法

蹦鼓子有一套完整表演程序，有固定的阵法，不同的阵法有不同的名称和图谱，现存最常表演的阵法有八吉梅花、八卦船柄、老龙浑水、老虎收山、四门等，阵法不同，难易好看程度及表演效果也不同。表演者按照阵法往来穿梭，并时时变换，令观众眼花缭乱，目不暇接。在20世纪七八十年代，还流传着一种老虎头阵，几十个表演者在老虎头上的眼、耳、鼻、口上行走，腾挪跌宕，纵横交错，非常繁复好看。可惜进入新时期以后已经逐渐失传，这个阵法的图谱已经遗失（见图6－8）。老艺人们也已相继离世。

三、艺术特点

蹦鼓子在张家口市的民间社火中，占有很重要的位置，流传了近两千年，说明了它的艺术魅力和蕴含的深刻的文化内涵。蹦鼓子有以下几个特点：

1. 阳刚劲健之美

蹦鼓子所使用的鼓比山西民间的安塞腰鼓大出许多，鼓面直径约1尺许，高1.5尺，打起来声威气壮，动作由慢到快，节奏高亢激越，达到高潮时边舞边喊，铿锵有力充分显示了塞北男子汉的粗犷和强悍。

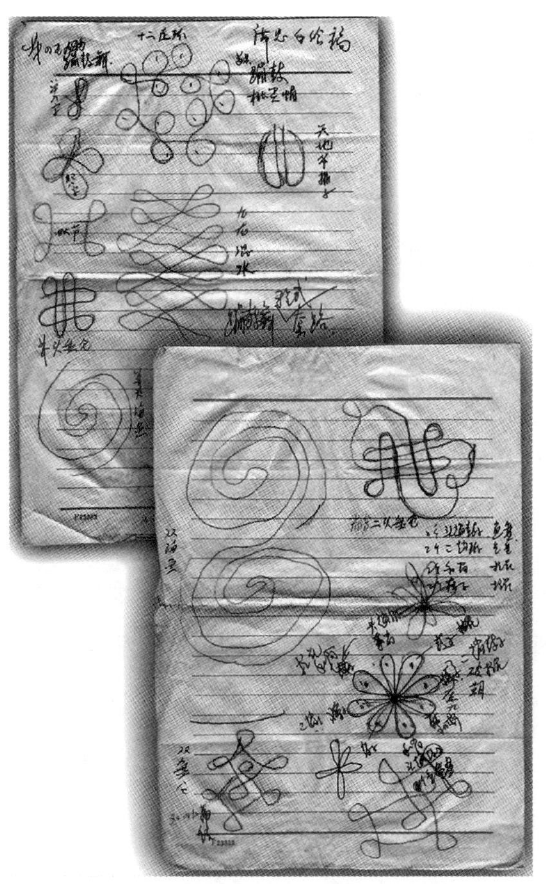

图 6-8　怀安县老艺人手绘蹦鼓子表演阵法图

资料来源：怀安县文化局。

2. 艺术性强

蹦鼓子是典型的民间舞蹈，它对表演者有较高的要求，表演者要边敲边舞，并按照固定阵法腾挪进退，具有很强的艺术性。

3. 规模庞大，大开大合

蹦鼓子舞阵容庞大，少则五六十人，多则上百人，后有男扮女装的各种角色穿梭舞动。在大开大合俯伏仰首之间，一种声音撼天震地，一种激情如飞腾越，

4. 场面热烈，寓意美好

锣鼓和歌舞交织在一起，寓意着生活的热热闹，红红火火，承载着百姓风调雨顺的祈望和祝愿。

第九节　怀安县胡家屯社火

左卫镇胡家屯村地处洪塘河畔，庙山脚下，依山傍水、风景秀丽，位于东西驿道和南北商道的交汇点上，形成了多元化文化格局，是全县有名的“文化村”。胡家屯社火于2009年被评为省级第三批非物质文化遗产保护项目。

一、历史传承

据史料记载，胡家屯社火最早起源于明正德年间。武宗皇帝率军亲征取得胜利后，正赶上过春节，于是在宣化府举行盛大的迎春庆祝活动。有人首次用歌谣的形式，赞颂朝廷的英明决策和作战有功的人。后流传下来，就演变成民间的胡家屯社火。胡家屯社火始于明末，兴盛于清

朝，尔后一直流传至今，并逐渐形成内容丰富，形式多样，有扭秧歌、跑旱船、推小车、踩高跷、舞狮子、蹦鼓子、道诗句、九曲黄河灯等等，这些统称之为民间社火。“道诗句”是以胡家屯为代表的怀安村镇中特有的一种社火形式。

二、表演形式

“每年一进入腊月，村民们便搭班聚伙在一起，组织社火队伍，排练节目。正月初一到正月初三，社火队伍在社火头的带领下，给村中大户人家拜年。元宵节前后，人们更是尽情地欢乐。按照惯例，正月十四上午，社火队伍敲锣打鼓，出村到有喜神的方向迎喜神，点上一堆火，烧上三炷香，尽三封黄表，将一副“风调雨顺，五谷丰登”的对联也放到火中敬奉。然后，先上窑，后下堡来，走街、打圈子表演各种节目。

胡家屯社火表演有好多程序，如拜年、排衙、游黄河、查灯、捉女婿等。在社火队伍的开头，灯官头戴乌纱帽，身穿武官袍，在前头骑马压阵，身后跟着灯吏和背纸印的，紧随其后的还有社火表演的各种角色，有渔公、渔婆、傻丫头、愣小子、大小和尚、江湖流术等，共 60 多人，表现的是三教九流、五行八作各色人物，反映的是社会百态及各个阶层，通过精心编排和表演，刻画各种人物的性格和特征，具有很强的艺术性。“道诗句”是胡家屯社火中的一项主要内容，在社火表演的各个程序，都需要灯官或灯吏当场“道诗句”。道诗句即选择本村的文人雅士和能说会道的人，扮演灯官或灯吏，用歌谣的形式即兴表演，见谁说谁、见甚说甚，为群众逗哏取乐。到每家说的话都不一样，都是根据家主人的要求现场现编。做灯吏的人不仅要有口才，而且还得有文化，会现场编词儿。如社火队走进在当地做生意的王继康的家。“灯吏”站在社会团队最前面，道诗句曰：“继康办商业有经验，年年下去继续干。恭喜今年发大财，明年盈利上亿元。”到村民高战成家，他家闺女刚嫁人，老灯吏站在社火的最前面开始对这家主人道贺。“一对鸳鸯站队前，二人携手笑开颜。婚姻美满幸福多，一代更比一代强。”“灯吏”话音刚落，其他社火队员随即“喂”一声，气氛热烈，最后，灯吏再说一句“恭贺新春，幸福万年”，接受了主人的馈赠、谢礼后敲锣打鼓赶往下一家。“道诗句”一般都出现在重大节日、喜事、开业庆典等活动，一般都是顺情说好话，用最好的词汇和语言来赞颂受众，听来丝丝入耳，落个皆大欢喜。即使是“查灯”“捉女婿”等讨要的诗句，也要讲究艺术性，尽量不带“罚”“拿”等强制性字眼。这就需要“道诗句”者具有较高的道德、艺术修养和驾驭文字的能力，随机应变，见谁说谁，出口成诗。

过去的老艺人有赵文甫、刘世文、赵文军、赵荣金，解放初期有赵绪明、赵德烈、郭殿邦，“文革”后又有冀世英(去世)、莘世礼、荣世清三位老师，道的诗句具有一定的文学水平，符合人们的心理需求，因而受到人们的尊重和爱戴，现在是莘世魁、赵振威，他们在继承的基础上进行了创新和发展，并形成了一套固定程式和套路，如走八字、走五角星、花轱辘车、卷毡子、对子阵、蒜辫子、走盘肠，最后以“九龙浑水”结束（见图6-9)。

图6-9　传承人荣世清扮演的灯官，在村民院中表演社火，当场道诗句，说吉祥话，村民和演员们都喜笑颜开

第十节　怀安、怀来九曲黄河灯

九曲黄河灯是古老黄河文化的一部分，在全国各地，特

别是山西、河北、陕西、河南各地，均为习俗流传。明末刘侗、于奕正合撰的《帝京景物略》是一本讲述京城风景名胜、风俗民情的纪实类著作中，其中有关于九曲黄河阵的最早记述：正月“十一日至十六日，乡村人缚秫秸作棚，周悬杂灯，地广二亩，门径曲黠，藏三四里，入者误不得径，即久迷不出，曰黄河九曲灯。”此外，许多地方的志对此也多有记载，如清康熙五十一年（1712）刻本《龙门县志》（十六卷　清）记载：自十四至十六日三日夜为度。县城及各堡多建军灯廒，并立木杆曲折环绕，擎灯三百六十一盏，名“九曲黄河灯”。男女中夜串游，名为“去百病”。又随处演戏、办社火、唱秧歌及节节高等戏以为乐。《直隶遵化州志》（二十卷　清乾隆五十九年刻本）讯载：“‘上元’夕，食汤圆。城市架松枝牌坊，演戏张灯，银花火树，时近二更，男女观者填市。村落亦设棚张灯，地广二亩。设‘黄河九曲灯’，门径曲弯，内藏二三里许，入者偶误，辄迷径。击太平鼓，跳百索，唱稻秧歌。”清代《米脂县志》中说：“十五日元宵、灯市遍张灯火花炮……四、五、六三日，阖邑僧众于十字街作斋醮，关城外，以高粱秆圈作灯市，娓曲回环，游者如云，俗名转九曲。”，又如《昌平州志》（十八卷　清光绪十二年刻本）载：“上元节”，张灯三夜，或作黄河九曲灯，共灯三百六十盏”《宣化府志・延庆州》中说：“上元张灯，设放花炬，村庄城市多立竹木，制黄河九曲灯，男女竞赛夜游，名为走百病。”黄河九曲灯阵是民间传统的社火形式，相传起源于军事、运用于祀神，后来逐渐发展为民间的一种娱乐活动，怀来、怀安两县社火中的九曲黄河灯传承久远，技艺独特，被评为河北省第三批非物质文化遗产项目。此外，该习俗在宣化地区也非常盛行，当地人称之为“灯游会”或“九曲阵”。

一、历史传承

关于九曲黄河灯阵的传说很多，有的说它最早起源于祭把道家鼻祖老子，九曲实质上就是道家阴阳太极图的变形；有的说它是古代战争中的迷魂阵图形：商朝末代君主商纣王凶狠无道，姜子牙受西伯侯文王邀请领兵伐纣，直把商纣兵马打得节节败退。为保商纣江山，当时商朝太师闻仲请来好友赵公明率兵抵御，赵公明不幸丧生。其三个妹妹云霄、琼霄、碧霄为给兄长报仇，设下九曲黄河阵让姜子牙破阵；还有说是上天将要降灾于人间，经神人指点，老百姓结此阵，并点起灯火，以避天上耳目，从而避免了一场大祸。冀西北地区社火中的九曲黄河灯是在明永乐年间，由洪洞县大移民带过来的，始于清代，兴于民国，一直言传至今。

二、艺术形式

冀西北地区怀安、怀来、宣化流行的九曲黄河灯大同小异。

1. 灯阵

九曲黄河灯是根据我国古代的九星定位法，用葵花、高粱等秫秸秆编织而成的一个巨大连环灯阵，呈四方形状，占地约 1.5 亩。做法是，先用一人高的高粱秆捆成 360 个把子，然后按照九宫图谱，竖栽在固定的灯场上，做成边长 33 米的正方形，每边分布 19 个点，横竖交叉形成 361 个点，每个点设一个灯，再加上 3 盏门灯和一盏天灯，共 365 盏灯，代表人间一年 365 天。闰月年 366 盏，寓意天天有灯，步步高升。每边长 33 米，共置灯 365 盏，杆高 1.3 米，通道宽 1 米，顶端置红、黄、蓝色彩灯，用荞面捏成小油灯碗，内盛麻油，燃捻成灯。阵中央竖一根 3 米高的粗杆，俗称“老杆”，上置一盏很大的荷花灯，寓意“花开富贵益寿延年”。黄河灯的四个角插着“春夏秋冬”四色旗帜，代表着四个季节。

2. 游灯

每年的正月十五，由村里德高望重的人主持，游黄河仪式开始开始，第一项：拜三官，由主持人燃纸上香，全体村民向三官大帝鞠躬或作揖，以示敬拜。（灯官、灯史道“拜三官”的诗句）第二项：主持人至祭词，祭祀河神、水神，包邮来年风调雨顺、五谷丰登。第三项：游河开始（道“游黄河”诗句），锣鼓齐鸣，在社火队伍的带领下，众人沿着弯弯曲曲的“黄河”游河走阵，犹如进入“迷宫”，顺利走出预示着人们祛病消灾，四季平安，给新的一年带来好运。晚上，黄河灯点燃，各色灯盏大放异彩，特别是社火队伍带领人们走阵，手执灯盏，与阵中的灯相映成趣，场面十分壮观。灯光闪烁鼓乐齐鸣，场面十分壮观。人们走到阵中央争相抚摸“老杆”，可延年益寿、寿逾百年。一般转九曲时，先由秧歌队前面开路，边敲锣打鼓，边扭秧歌，群众尾随其后，浩浩荡荡，弯弯蜒蜒，缓缓而行。每进一曲阵门，都要唱喜庆秧歌，祈求天地神灵保佑新的一年吉祥如意。转九曲的方式五花八门，有单人转的，也有几个人合伙转的，他们沿着灯杆连成的纵横回旋的道路绕来绕去，有的游出去了，有的游不出去又绕了回来，引起一阵阵欢笑。据说谁能够顺利地转完九曲，一年四季就会健康平安，大吉大利。民间还有“转九曲五谷丰登，抱老杆祛病消灾”“游了黄河灯，一辈不肚痛”“游了黄河灯，全家享太平”的谚语。只是最早出于避害趋利目的富有宗教色彩的九曲黄河灯会，如今已演变成为一种娱乐性的活动，大多数人并非是求这求那，图的就是个红火热闹。

3. “偷灯”

转九曲还有一种“偷灯”的特殊习俗，正月十六晚上，新媳妇或怀孕妇女争相抢夺灯碗的习俗，想生男孩夺红灯，想生女孩夺绿灯，并小心翼翼地抱回家。这种“偷灯”行为是默许的，甚至带有某种鼓励色彩。

孙佃清老人是现在怀安九曲黄河灯唯一的传承人，已年过七旬，从小跟爷爷和父亲学习扎黄河灯。根据老人回忆，在清朝同治年间，他的祖父孙常太就按图纸扎黄河灯，后来传到他的爷爷孙有瑞和父亲孙振富手里。“文革”中将图纸烧毁。“文革”后他又凭着仅存点儿的记忆绘制了一张图纸（麻纸），保存至今。杨振有也从80年代初参与村里扎黄河，并绘有图纸。

灯阵其实是人们禳灾驱疫、祈求幸福平安的一种形式，包含了对水与火崇拜的意思。人们采取这种形式，祭奠天地神灵，祈求风调雨顺、五谷丰登（见图6－10）。

图 6－10 孙佃清老人保存的“九曲黄河灯”图谱

资料来源：怀安县文化局。

第十一节 宣化王河湾挎鼓

古城宣化，早在秦朝时就成为上谷郡，明朝时为著名的长城九镇之一，清朝时是全国 72 府之一，现今为河北省历史文化名城，被誉为“京西第一府”。宣竖立在镇朔楼西侧，由明代都御使罗享信所撰的《宣化新城之记》碑文这样描述：“宣府古幽州属地，秦上谷郡，元宣德府，星野当析木之次，入尾一度，壤土沃衍，四山明秀，洋河经其南，柳川出其北，古今斯为巨镇，恒宿重兵以控御北狄。宣化古城经历了太多的沧桑。“一抓一把历史，一靠一身长城”，是人们对古城的赞誉。虽然如今“古上谷郡”的牌坊已难觅踪迹，宣化区境内各个历史时期的古文化遗址、古墓葬、古城址、古寺庙和革命文物建筑极为丰富，主要有全国重点文物保护单位3处，清远楼、镇朔楼、下八里辽墓群（1区）；河北省文物保护单位5处，宣化城（含拱极楼）、五龙壁、时恩寺大殿、察哈尔省民主政府旧址、下八里辽墓群（2区）；张家口市文物保护单位1处，立化寺塔；区级文物保护单位24处。宣化区（县）王河湾挎鼓，源于宣化区春光乡北门外的王河湾村、四方台村及双庙乡赵家姚村及附近，是盛行于宣化区和县北部、西部农村的民间舞蹈艺术。其表演者大多是中、老年男子，至今已有一百多年的历史。

一、历史传承

王河湾挎鼓最早是用废弃的煤油箱子制作，逢年过节敲打，俗称“煤油拉子把式”。“煤油拉子”样式简陋、笨重，音色不美，到了20世纪40年代，村中有一位叫刘龙的人借鉴中国其他鼓的优点，结合本村挎鼓的形状、特点，制作了木梆、皮面的八面挎鼓，新做成的鼓因材料的改变，音色动听，形状变成了中间粗，两头略细的形状，具有一定的观赏性，同时又买了两副镲，正式成立第一个鼓班，叫“三关社”，由于新做的挎鼓形状美观，音色动听，受到了当地农民的喜爱，他们经常在节日期间聚集起来表演，形成了自己的节奏特点和表演风格。2009 年，王河湾挎鼓被列入省级非物质文化遗产名录，这也是宣化区首个被列入的非遗项目。贺海是该项目的省级代表性传承人。他从 8 岁起就开始和爷爷、父亲学习挎鼓，在研习老一辈传统挎鼓技巧的同时，还把秧歌步和舞蹈结合在里面，记录祖传的鼓谱，承前启后，创新发展，在继承前辈的“凤凰三点头、查灯点、三起三落点”等打法之后，还规范了 12 种别具一格的独创打法，铿锵有力、舞姿矫健、气势如山、耐人回味，如骑士跨马、武松打虎、苏秦背剑、黑虎掏心、举火烧天等，极大地丰富表演内容。鼓声阵阵，涤荡肺腑，时而轰鸣似空中响雷，时而声闷如雨打芭蕉，在隆隆的鼓声中，表演者不时变换着队形和体态，有侧首点击、弯腰交叉、半蹲弓步，如游龙穿梭，像骏马奔驰，把鼓者内心的澎湃喜悦体现得淋漓尽致。

二、表演形式

王河湾挎鼓属于民间社火中地秧歌的一种，一般四鼓配一镲一钹的形式表演，挎鼓比腰鼓要大，牛皮鼓面，鼓长一尺五寸，直径为九寸、十二寸两种，中间粗，两头细，由村人自行制作。分为起鼓、行进鼓、查灯鼓、收鼓等几种打法，可成队行进表演、原地击打表演、分组表演等。

查灯鼓在正月初十晚上进行，挎鼓队在村里各家门前进行挎鼓表演，意味督促各家高挂花灯，庆祝节日，祈祝祥和。行进间鼓者排成，鼓头扮成七品县官模样的“灯官”，一身穿红色官衣，头戴双翅纱帽，画豆腐块脸谱，挥动双臂掌握节奏指挥前进、站立、表演。三副大镲伴奏，队前一人，队后两人，随队伍前进。行进鼓鼓手半蹲、弯腰、交叉两腿踩着鼓点击鼓前进；打起圆场时，两人一队或四人一组，轮换从队中走出四人在场中对面表演。鼓面在左胸前，用重锤敲击，右手为主击点，左手是伴奏点，表演者随着情绪增长，扩大敲击幅度，站成弓箭步，有跨下掏打，右手翻到身后打，鼓面挎平点击或打上下鼓面多种打法，外围鼓手进行敲击伴奏以“凤凰三点头”最具特色。

王河湾挎鼓常用鼓点有起鼓、凤凰三点头、行进鼓、查灯鼓、煞鼓几种，用大钹三副伴奏和起煞。鼓谱如下：

起鼓：

碎点…… × –I　× –I　× × ×　× ×I　× ×　×I

查灯鼓：× × ×　×I　× × ×　×I　× × ×　× × ×I ○ ×　×II

行进鼓、鼓：× ×　×I　× ×　×I　× × ×　× ×I

××　×II

钹：×○I　×○I　××I　×－I

挎鼓鼓点，可为高跷、小车、旱船队伍的伴奏，也可独立出现于街头表演。挎鼓表演者，过去只在头上罩白毛巾，着原来服装。1949 年以后改为头扎各色毛巾，身穿黄彩服，扎腰带、灯笼裤、白球鞋，煞有一番武士气魄。

王河湾挎鼓在张家口市周边地区具有较高知名度，曾获张家口市首届农村文艺表演比赛冠军。由于对器具、地点、人数没有严格限制，深受广大百姓喜爱，并且，由于独特的节奏和表演形式而得到文艺界专家的认可。(见图 6－11)

图 6－11　传承人贺海与他的老伙伴们在表演王河湾挎鼓

资料来源：宣化区宣传部。

第十二节　涿鹿“绕花”

“千里桑干，唯富涿鹿”，涿鹿县地处中国河北省西北部、桑干河下游，气候宜人，风光秀丽，土壤肥沃，自古农业非常发达，与张家口市下花园区和北京市郊区相接。有悠久的历史文化传统，司马迁《史记》记载，5000年前，黄帝、炎帝、蚩尤“邑于涿鹿之阿”，合符釜山，开启了中华文明之先河。涿鹿县河东镇张各庄村是一个已有200年历史的古老村庄，流传着一种古老的社火艺术——绕花，每到逢年过节，绕花便盛大“盛开”其壮观程度堪比烟火晚会。

一、历史渊源

据涿鹿绕花第七代传承人邢义武介绍，涿鹿绕花今已有100多年历史，大约兴起于清朝中后期，主要流传于河北张家口市涿鹿县河东镇张各庄村一带。当时有个老羊倌常年在深山放羊，夜晚总是遭到野兽侵袭，为了保护人畜安全，他想出一个烧炭甩花驱赶野兽的方法，这样不但吓跑了野兽，也为单调的牧羊生活带来了乐趣。后来经过几代艺人的改进和完善，最终形成现在流星四射的艺术效果，并逐渐被山区人民用来庆祝重大节日或文艺演出时打场子，甚至当作了年节时的燃放烟花。如今，这项民俗历经百年流传至今，并被列为张家口市非物质文化遗产，也是涿鹿县社火杂耍的精粹项目。

二、主要内容

绕花表演时，几个民间艺人用一根钢丝绳子，将一个装满铁屑、木炭、焦炭的圆柱状铁丝笼子捆绑在一根2米高的硬木花秆顶部，将花笼内的燃料点燃后，由八个身穿黄绸衣的艺人协力摇动，花笼围绕花秆快速旋转，越转越快，花笼内的木炭、焦炭急速燃烧，化铁为水，飞溅而出，甩向场地四周。一开始只是零星的火花飞溅出来，形成零星的火线，很快火花越“开”越大，最终形成直径达60米左右的缤纷耀眼的火瀑金花。

“绕花”民俗具有一定科学性，首先木炭的烧制要求极高，必须用当地野生的5~10年的採树，大约碗口粗细。烧成的木炭要恰到好处，太过火的木炭，能量小，难以化铁为水，太生的木炭又烧不起来。二是砸制铁片只能用过去的破锅，现在生产的锅一般不行，砸成的铁片只能是半厘米，太大不易烧化，太小又会飞出花笼。三是装料十分讲究，必须将铁片、木炭、焦炭按一定配方和程序装在特制的铁丝网兜里，装不好出不了花。四是装有轴承、齿轮和摇臂的新式三角架花秆巧妙地利用了多项物理原理，既提高了转速，节省了人力，还增强了绕花的观赏性。五是绕花充分利用炭火燃烧与空气接触量的关系，在飞速转动中提高炭火温度，熔化铁水，而又通过花笼转动所产生的离心力甩溅成大面积金花银花，产生了强烈的视觉冲击力。

三、主要特征

“绕花”有以下显著特征：

1. 装花技术十分讲究

必须由传承人亲自装填，不会装的飞不出花，也出不好花。

2. 节约能源，绿色环保

与打树花每场演出动辄数百上千斤云废铁相比，每场仅用铁料4公斤，且都是用废旧铁锅砸下的。绕花一次只用少量的炭火基本没有污染。

3. 安全无危险

绕花艺人们蹲站在花杆下，铁花随着花笼绕动飞出花杆顶端火圈外，不会伤及艺人，也不会伤及场外观众。而打树花则是勇者的游戏，树花艺人需要头戴毡帽，反穿皮袄，全副武装，即使这样，也免不了会被烧伤。

4. 观赏性强

绕花规模大，效果好，高潮时火花四溅，如流星飞雨，其场面比烟花更胜一筹。花呈圆形，便于观众从四面八方近距离，多角度观赏。

绕花这项极具特色的民俗活动，它充分体现了人类在自我发展中对火的崇拜和敬畏的人文情怀，同时也具有深厚的历史文化底蕴和很高的科学价值。

第七章　冀西北社火的民俗特点和文化内涵

社火广泛流传于我国北方地区，在青海、甘肃、陕西、山西、辽宁、河北、河南，甚至新疆等地都广为传承。虽然地域不同，风俗各异，但各地社火具有共同的文化基因，有许多共性所在。第一，各地的社火都在春节期间，特别是元宵节演出，许多地方都有“不耍社火不过年，不看花灯月不圆”之说；第二，各地社火都以一种大型游艺的形式呈现，数十人数百人的社火队伍行走于街巷，表演于广场，锣鼓喧天，边走连扭，边扭边说唱，诙谐幽默；第三，各地社火都以“扮”为主，打扮成各色戏剧神话中的古装人物，大红大绿，极为喜庆；第四，都承载着老百姓驱邪趋吉，祈盼风调雨顺，太平和乐的生活情感和人生理想。同时，各地社火又有其不同的表演种类、风格和特点。如陕西地区有一些在其他地方比较罕见的社火种类，如宝鸡血社火将斧头、剪刀、铡刀等凶器化装时扎入扮演恶绅者的头部、面部、胸腔等部位，鲜血淋淋，森煞恐怖，以此来表达惩恶扬善的情感等。

冀西北地区位于内蒙古高原与华北平原接壤地区，自古以来为兵戎争伐之地，担负着护卫京城的重任。20世纪90年代初中期才开始开放，经济相对比较落后。特殊的地理环境使该地区民风淳朴，文化变迁缓慢，许多古老民俗得以完整保留，社火也传承了优秀的历史文化传统，更富有传统意味和古老的文化气息。冀西北地区的社火是汉族文化与蒙古族文化交汇碰撞形成的，具有与地方风俗习惯相一致的个性，场面浩大、气势恢宏、动律欢快、节奏鲜明、线条洗练、形象淳朴、精神饱满，是一种典型地反映张家口传统民俗文化和现代生活风貌的大型节庆游艺民俗，冀西北地区的民俗特点表现为以下几个方面。

第一节　冀西北地区社火积淀着先人祭祀天地，驱凶趋吉的古老文化传统

社火作为中国民间庆祝春节的一种传统庆典活动，起源于原始社会人们的巫术思维和崇拜。社火由“社”与“火”二字组成，社，即土地神，《易经》曰：“天行健，君子以自强不息；地势坤，君子以厚德载物”。土地是人类生存的基础，衣食住行无不赖土地提供。火，即火神。人们用火来煮食、取暖、驱逐野兽。所以，人类始祖认为土地、火皆有

“灵”，土地与火对人类的恩泽，促生了我们祖先对大地和火的崇拜。社火的形成还与中国的传统“傩礼”有密不可分的关系，傩是古代一种以乐舞来驱逐疫鬼的仪式性活动，《论语》里有“乡人傩，朝服而立于阼阶”的记载，可见至少在春秋时期，傩礼活动已经形成。到宋代，专职除疫的方相氏已经被民间诸神取代。古代的傩仪与社火的关系密切，表现于四个方面：一是从傩仪举行的时间来看，最晚到清代，民间的“乡人傩”已经不再局限在腊月初一到腊月二十四，有的地方在元宵节期间仍有“傩仪”举行。傩仪时间的开始与结束，与社火的表演时代正好对应。二是从傩仪的举行地点来看，最晚到宋代，民间傩仪已经采取与现代社火沿门表演、作场表演相类似的形式了。三是从傩仪的举行目的来看，最晚到宋代，除了原始的驱寒、逐疫、劝农的目的外，还附带有艺术欣赏的目的。傩仪有向表演艺术方向发展的倾向。四是从傩仪的风格来看，到了宋代，在仪式的严肃性之外，出现了游戏化的倾向。所以，在明清以来各地地方志中有关社火的记录，经常可以看到“颇具古乡人傩遗意”之类的记述。[①] 社火的形成还与中国传统的春祈秋报有密切关系，春天是万物复苏，一年之始，老百姓全部的希望都孕育在春天，

① 王杰文．民间社火．中国社会出版社，2011：29～30.

所以在明清时期各地地方志中都可以看到立春或立春的前一日迎春的习俗，如清光绪八年刻本《怀来县志》载：“立春”前一日，用纸湖勾芒神、土牛，鼓乐随之，文武官出东郊迎春。一人自东方驰骑至，报春到并吉语数句，官放赏。明日，文武官于县堂打春、领春、宴报春者；又以小土牛、芒神置纸楼内，鼓乐分送诸乡达，谓之“送春”。[①]《和顺县志》（民国三年石刻本）载：迎春日，人多结彩扮演古事，迎芒神、土牛于东效。“立春日”，祀芒神，鞭土牛，以送寒气。并在其后括号里附了一首诗：“春日春风动，春江春水流。春人饮春酒，春官鞭春牛。[②]《太谷县志》（民国二十年铅印本）载：“立春”前二日，各商行扮演抬阁、马社。次日，集县衙听点。及期，以次前导，各官盛陈仪卫，迎春于东郊。祈丰收，劝农桑是古之迎春习俗之要义，“立春”一般在春节前后，尤以春节后为多，仪式感极强的娱神活动向着“泛宗教化”的，游戏的娱人活动发展，最后演变成了春节期间大型的节日庆祝活动——社火，祭祀天地和驱凶祈吉是社火的根本特征，但在新的时代背景下，许多地方的社火已经完全的娱乐化，古老的神祀祭奉已消匿无踪，而冀西北地区许多地方

① 丁世良，赵放．中国地方志民俗资料汇编·华北卷．书目文献出版社：140.

② 同上，572 页．

的社火还保持着明清以来的传统，祭祀、祈福、驱祟还是其重要的内容，在冀西北地区社火中，可以看到我们的先人这种对天地神灵、自然万物的崇拜和信仰，娱神与娱人相结合，社火表演的角色、种类、程式等传承久远，古味犹存。

1. 负责社火表演管理工作的组织称之为“三官社”

旧时，冀西北地区农村均有“三官”庙，“三官”即天官、地官和水官，为中国唯一的本土宗教信仰——道教所尊奉的三位天神。中国上古就有祭天、祭地、祭水的礼仪。三官掌管人间祸福，天神掌管生死轮回和阴阳救度，天官赐福，地官赦罪，水官解厄。对三官大帝的信仰源于中国古代先民对天地水的自然崇拜。在农耕社会，天、地、水是人们生产、生活的必要条件，因此，老百姓常怀敬畏之心，虔诚地顶礼膜拜。祈求多寿、多福、喜庆临门、风调雨顺。冀西北地区社火是一种乡村民众自发组织和自觉参与的民间组织活动，各村成立社火队，其主要目的之一就是在春节期间为“三官”表演，娱乐神灵，获得“三官”的福佑。专门负责组织社火活动社火队因之而称之为“三官社”，由德高望重，由组织能力强的人担社火会长，虽然现在各村基本上已经没有了“三官庙”，有些村落仍然习惯上把负责社火表演管理工作的组织称为“三官社”。

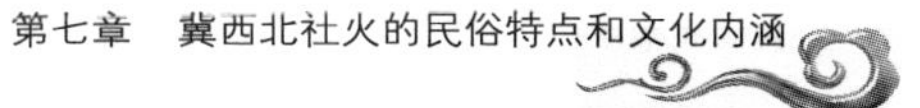

2. 冀西北地区社火中的“灯官”角色的留存

“灯官”是社火中一个重要的角色，是明清时期迎春仪式中的“春官”和傩仪中的驱疫者（古代是方相氏）结合，他位于社火最先头，引领着大型的社火队伍娱乐神灵，祛邪驱疫，祈祷太平。但随着时代的变迁，许多省市地区的社火中“灯官”角色已经变异和消失，而冀西北地区的许多社火还保留着这个角色，如怀安的胡家屯社火、蔚县社火等。

3. 冀西北地区社火的表演程式保留了古老社火祈福驱祟的特点

冀西北大部分县区的社火还保留着明清时期的表演形式，如怀安、万全一带社火大多在正月初一开演，开演之前，要在“灯官”的带领下到村外迎喜神，点上一堆火，烧上三柱香，尽三封黄表，将一副“风调雨顺，五谷丰登”的对联放到火中敬奉，然后上窑、下堡、走街、打圈子表演，其意为娱神娱人。社火队到各家各户沿门拜年，锣鼓喧天地在院子里转三圈，“王八”翻穿着皮袄，在锣鼓点和众社火队员中的“嗷嗷”的呼喝声中，摇着手里的铃铛，一拥而上到主人家的身上，给主人家掸衣服，拍尘土等，实则上就是为主人驱祟祈福。胡家屯社火还保留着道诗句，在社火表演间隙，由“灯官”或“灯吏”以歌谣的形式根据各户人家的特点说吉祥话。蔚县拜灯山源于明嘉靖年间，既祭火神，以祈求火土相生，灾邪不生，又供奉“三义”（刘备、关羽、张飞），以求水火平衡，风调雨顺。社火表演由点灯山、拜灯山、耍社火、唱大戏几部分组成，保留了整套的祭祀程序，具有古老社火的神秘性与庄重性，古味犹存，令人耳目一新之际也引发对人类祖先生活的追思和念想。蔚县社火拜灯山被列为国家级非物质文化遗产，被中央电视台、河北电视台等相关栏目多次介绍，甚至现场直播其红火热闹的场面。

第二节　冀西北地区社火具有三晋文化、燕赵文化与蒙古族文化并存与交融的特色

张家口市位于内蒙古高原与华北平原的交接地带，是晋、冀、蒙、京的交会处，明中叶是民间社火活动定型和繁荣时期，也是张库商道通商，张家口“旱码头”地位形成时期。特殊的地理位置，汉族与其他民族共居的社会环境，使得张家口一带群众娱乐活动兴盛，既有中原地区古朴细腻的文化特征，又有草原游牧民族粗犷豪放的风格。从而逐渐演化成许多独具特色的文艺样式和品种，历久不衰。如坝上的东路二人台，崇礼县的打溜子，坝下各县流传的晋剧，蔚县打树花、打棍、曲长城背阁、九曲黄河灯，万全的社火、王河湾挎鼓、赐儿山庙会等，在我国各地都有一定影响。因而，冀西北地区社火以三晋文化、燕赵文

化与蒙古族文化为源泉，融合了农耕文化与游牧文化的精粹，孕育了长城文化与戎马文化的特质，沉淀着具有张垣特色的传统精神和价值观念，呈现出多元文化并存交融的包容性与开放性。

1. 冀西北地区社火具有三晋文化崇尚礼仪、讲究程式的特点

张家口之称，始于明代。《明史·地理志》记：京师万全右卫“东有张家口堡”。明朝时，为了抵御北部蒙元残部的侵扰袭掠，张家口成为边防重地，明洪武年间，由于这一带“民户不足”“调山西诸处余丁充之”，原住民中有一大部分为山西各地调来的民户军丁等。随着时间推移，战争平息等，坝下地区形成大量的聚居村落，民户军丁及其后代在这里逐渐安居。隆庆五年明廷把张家口开为官市之地，张家口成了蒙汉交流的枢纽，张家口除了军事驻守望功能处，又增加了互市贸易的功能，随着号称“北方丝绸之路”的张库大道的开通，张家口成为重要的陆路商埠，大量晋商在这里发迹，号称“山西八大家”的皇商在这里云集。冀西北地区社火主要来源于三晋社火，其人物角色、表演程式、社火样式等与山西地区，特别是雁北一带的社火一脉相承，呈现出质朴而不矫饰，重视礼义程式，教化淳厚的特点。

2. 冀西北地区社火具有燕赵文化慷慨悲歌、刚键尚武的特点

张家口地域文化属多元文化的复合，历史地理条件决定了张家口文化多元包容的特点。春秋战国时期，张家口地区桑干河流域属于古代国，战国时期，代国为赵国所灭，秦统一后为代郡，上谷郡原属于燕国，张家口大部分地区均属燕赵两国。司马迁曾说“燕赵多慷慨悲凉之士”，这样的文化心理和文化特征沉淀在这片土地上，浸染着时俗和风气，使冀西北地区社火也呈现出与三晋社火不同的特点。如万全的“打棍”是冀西北地区独一无二的社火品种，其来源于武教头的教习，原为村民习武强身，平时抵御土匪盗寇，春节期间结合戏剧人物和经典片断，融入到社火表演，冀西北社火呈现勇武刚猛、激昂慷慨、侠义尚武的燕赵文化特色。

3. 冀西北地区社火具有蒙古族文化金戈铁马、粗犷豪放的特点

张家口地区自古为蒙汉杂居之地，一方面是兵戈相交，战争不断；另一方面是杂居共存，汉民族与游牧民族交往频繁。在中原文化与游牧文化长期的碰撞和交融当中，冀西北地区的社火融入了蒙古族文化的精神和要素，沾染了游牧民俗的特征和韵味，具有了草原民族粗犷豁达、剽悍豪放的性格。如在冀西北社火军旅色彩浓厚，具有戎马文化意味，突出表现为鼓乐文化在社火中的突出地位。各族社火表演都离不开鼓乐的伴奏，而在冀西北地区社火中，鼓乐变成了一种重要的独立艺术表演方式，形式多样，特色显明。如万全、怀安一带的蹦鼓子舞，宣化的王河湾挎鼓。特别是蔚县的代国战鼓，每一面鼓直径近 1 米，由数十人组成鼓阵表演声势浩大，场面壮观，充分展现古代战争的恢宏场面。另外，在冀西北地区的社火中，一些人物设置和服饰打扮也有蒙古族文化特色，譬如社火中的“拉花”和“棒槌”，表现的就是蒙古军士（棒槌）追逐小姑娘（拉花）的场景，表演活泼生动，妙趣横生。而社火中“棒槌”“王八”等角色一般穿羊毛外翻的皮袄、戴毡帽等，为蒙古族的装扮。“活马舞”显示出古代骑士的英武和边塞地区的尚马民风。演出时，装扮者一手执马鞭，一手拉缰绳，边歌边舞。竹马表演时由锣鼓伴奏，由领队引入场中，队伍根据锣鼓节奏打出的不同鼓点，随时变换队形，做出不同的动作，队形变化错落，富有情韵。此外，蒙古族崇尚火的特点也在社火中有充分的体现。

第三节　冀西北地区社火幽默诙谐，具有普天同庆的节日狂欢特色

在我国各民族生活中，农历过年是最大的节日，冀西北地区社火就是春节期间大型的游艺节日活动，它把娱神与娱

人相结合，把严肃、庄严、虔诚的礼敬神祇、驱祟逐疫、春祈秋报以一种游戏的、幽默的、狂欢的形式表现出，最终呈现出具有广泛的群众基础的全民同庆，天地若沸的节日礼俗活动。民国出版的《万全县志》卷九“礼俗志·民俗·娱乐”条下记录：“社伙与秧歌，皆年节后民间娱乐之组织也。社伙……全班百余人，化装古今男女老少，形形色色，无奇不有，始终如一，毫无变更。更其舞也，全班乱舞，杂以锣鼓之声；其唱也，皆系片段，并无标准，完全为取乐而设，数日即止。”① 场面浩大、气势恢宏。正月里的冀西北大地，不管是偏僻山乡，还是闹市街巷，无论是天寒地冻，还是天高气爽，到处锣鼓喧天，鞭炮声声，人们载歌载舞，热闹非凡。冀西北地区社火的狂欢特色主要表现在以下几个方面。

1. 演出时间长，民众参与广泛

冀西北地区社火从腊月开始准备，演出时间一般都是正月初一拜年开始，到正月十七结束。首先是参演人数众多，如县志记载，社火队的表演动辄“全班百余人”，一个村镇的社火队少则四五十人，多则上百人参加，如万全、怀安的社火有双股头、四股头、八股头不等，每个股头里固定的社火

① 丁世良，赵放. 中国地方志民俗资料汇编. 华北卷［M］. 北京：书目文献出版社，1989.

人物和形式，如蹦鼓子、钓鱼、划旱船、骑毛驴、拉花的，等等，后跟大头娃娃、扭秧歌的，每股头社火至少 16 人。其次是对演员没有任何要求，正所谓“上到九十九，下到满地走”，男女老少齐上阵，有“绝活”的可以承担一些有技术含量的表演，如打棍、高跷里的一些花式表演等，没有“绝活”的可以简单打扮化妆后跟着秧歌队扭动舞蹈。冀西北地区社火是少年的游戏，少年儿童演员在里面占有很大的比例，如阳原县背阁上的小男孩、小女孩小的只有四五岁，他们不仅要在春节期间的寒冽冷风中勇敢地站在大人肩上高高的“阁”上，还要随着鼓点和音乐舞动身体，挥动长袖，飘飘似仙，非常好看。此外，社火队中的各色角色都有少年儿童扮演参加，很多社火队员从少年时代参加表演，一直演到白发苍苍的老者。围观的观众了可以随时成为演员，看到兴处的时候，会不自觉地跟到社会队伍当中，以至于社火队伍越来越大，全班乱舞，锣鼓喧天，极其红火热闹。

2. 角色形象包罗万象

冀西北地区的社火的意象表达具有自己鲜明的特点，大红大绿，乡土气息浓郁，看起来特别喜庆。演员一般都是本色出演，虽穿戏服，也做古装戏剧人特装扮，但基本不画脸谱，只作简单地搽粉，抹胭脂，所以感觉和观众特别亲近，没有距离。这一点和陕西、甘肃一带流行的社火极为不同，陕西关中地区流行的社火，和戏剧中的装扮极为相似，浓彩亮妆。社火装扮的人物众多，“化妆成古今男女老少，形形色色，无奇不有”，多来自村民们耳熟能详的古典戏剧、古典文学和神话传说故事中，在原有的故事人物基础上进行改造，夸张和变形，初具戏剧表演特性，充分展示民众的想象力。如划旱船，盖源于《打渔杀家》的故事，旱船表演时由一名头戴凉帽、身着古装的艄公划桨引航，做出颇为夸张的划船动作。“船姑娘”驾驭着船儿，随着节奏前进后退，与艄公划桨动作默契配合，恰似轻叶小舟在水面飘荡，惟妙惟肖地塑造出水面行船的情景。背阁、“高跷”、大头娃娃等都发展了历史传说故事或戏曲的人物装扮，如《西游记》中的唐僧师徒四人、《白蛇传》中的白娘子和许仙，还有唐伯虎和秋香、济公、武大郎、太白金星、货郎、农夫等，不一而足。

3. “完全为取乐而设”的幽默欢快

冀西北社火是物与意的审美整合，具有一定的象征性。它往往借助人物的装扮、服装、造型等塑造艺术形象，寄予或表达生活与审美理想：讴歌真善美，鞭挞假恶丑；借历史典故喻写社会现实，借夸张变形来表达某种寓意，综合表现人物的思想性格。观众对社火角色的扮相、服饰、道具和舞蹈动作辨认艺术形象。演员的装扮和表演诙谐幽默，“完全为取乐而设”。主要表现在以下几个方面：一是反串角色带来的美感和“笑果”。男扮女装、女扮男装是社火中最常见的表现形式。比如“骑毛驴”本来表现的是年轻美丽的小媳妇，但经常由一个五大三粗的男人扮演，还要做出婀娜多姿的娇羞态；赶毛驴的老头又经常由非常小的小孩子甚至是小女孩挂上胡须表演，这样的反串自然形成了一种喜剧效果。二是社火队伍中的丑角很多，在鼻梁中心抹一个白色“豆腐块”，插科打诨，做出种种逗人发笑的表情和动作。社火中最重要的两个丑角是王八和老妈子，王八头戴红缨帽，反穿皮袄，身带串铃，红彩裤，手拿一串铃铛，是队伍中最活跃者。老妈子为丑旦，通常是男扮女装，梳络络头，鬓插花，耳朵上挂一对大红辣椒，脸上点一乌黑痣，大红袄，绿彩裤，手拿烂笤帚或鹅毛扇。三是社火注重表演者和表演者之间，表演者和观赏者的交流融入。社火表演中的角色经常是一对一对的组合，如“划船的”和渔翁、骑毛驴的小媳妇和赶毛驴的老头，表演者之间的相互逗耍取乐，充满戏剧性和诙谐感。社火表演非常随意，一些演员可以在队伍里面来回走动嬉戏，或者直接到观众当中，通过具有夸张的表演和不协调风格的角色造型来取乐大家。如王八和老妈子就负责深入到看社火的人群当中，或拉着观众一齐扭跳，或给哪个小孩子脸上抹一把油彩，极尽耍逗之能事，演员和群众之间的交流，让观赏者和表演者之间融为一体，使社火成为雅俗共赏的大众民间艺术。

4. “赛社火”习俗传承至今

“赛社火”是冀西北地区传统节目，就是各村社火在固定时间聚集在同一地方进行会演比赛。赛社火阵容宏大，红火热闹，各社火队纷纷拿出自己最好的装扮、行头、节目，以期吸引更多观众的目光，引来更多观众的赞赏。蔚县、阳原、万全、怀安等县每年元宵节都会组织各乡镇最好的社火到县城会演，最后进行评比。表演之日，社火队一拨接一拨，锣鼓震天，笑声喧天，看社火的男女老少，纷纷涌向街头，人头攒动，水泄不通，其喜庆氛围弥漫整个县城，时间从早上10点多开始，可以一直持续到下午3点左右，呈现出一派普天同庆的喜庆欢快氛围。

第八章　冀西北社火的文化价值

冀西北社火体现了张垣地区特有的地域文化和价值观念、保留着当地老百姓原生状态和民族特有的思维方式、审美情趣和心理特征，具有极大的文化价值。

第一节　孕育当地民间文艺的沃土

目前，张家口市省级以上非物质文化遗产共36项，其中许多本身就是社火表演重要组成部分，如传统舞蹈中的蹦鼓子舞、打棍、曲长城背阁、王河湾挎鼓，传统戏剧中的高跷戏，民俗里的拜灯山、九曲黄河灯，及直接以社火入选的胡家屯社火等。冀西北地区社火艺术性强，艺术种类丰富，与当地民间文艺有着千丝万缕的关系。许多民间艺术或多或少、或远或近地与社火发生着“亲属”关系。

1. 直接从社火中的一种表演形式发展而来，并吸收其他艺术营养，形成了一个相对独立的文艺样式

如蔚县秧歌，早期的蔚县秧歌是用“训调”（民歌）演唱，以“两小戏”（两个人——小生、小旦）或“三小戏”（三个人——小生、小旦、小丑）为主，常在农村社火中表演，是农村社火的一项表演内容。当时常演的剧目有《卖豆腐》《借冠子》《打瓦罐》《迎亲》等，以表现老百姓日常生活为主要内容，被称为“地秧歌”，即在平地上打个圈子就演出。后来，随着山西梆子传入张家口，并在张家口大盛，蔚县紧临山西，浸染最深，蔚县秧歌深受其影响，一方面吸收了晋剧的袍带大戏形式；另一方面借鉴吸纳其音乐体制，使其在唱念做打和梆板乐器方面有了成熟的规范，蔚县秧歌完成了由“两小戏”向行当齐全的大戏转化过程，由“地秧歌”转化为“秧歌戏”。

2. 在发展过程中吸收了社火中喜闻乐见的艺术形式，更具有观赏性和为群众喜爱

如二人台、干嗑等，东路二人台是张家口坝上地区深受广大群众喜爱的民间文艺，最初演出形式为“坐腔”（农闲时节的自拉自唱，自娱自乐）、社火和“打土堆”（人群中打地摊演出）。清朝末年，内地大批移民北迁，把内地的民歌、社火、秧歌等艺术带入坝上，与内蒙古民歌、好来宝等相融合，经民间艺人的二度加工，创造出了集化妆、说唱、舞蹈、表演为一体的民间艺术形式。

3. 腊月正月期间盛大的社火表演为各种民间艺术形式提供了表演的机会和场合

许多民间艺术的消亡是由于逐渐失去了生长的土壤，演出机会减少，没有演出舞台，观演群众日益减少，而社火表演是大型的综合性的艺术节目，包融歌、舞、戏、体育、杂耍等各种艺术形式，并经常伴随着唱戏等节目，这就为多种民间艺术提供了表演机会和场合。

第二节　对乡村振兴战略具有重要意义

党的十九大报告指出实施乡村振兴战略要坚持农业农村优先发展，按照产业兴旺、生态宜居、乡风文明、治理有效、生活富裕的总要求，建立健全城乡融合发展体制机制和政策体系，加快推进农业农村现代化。社会学家费孝通在《乡土中国》一书中，将中国社会性质断定为乡土社会，构成中国乡土社会的基础单元就是乡村。实施乡村振兴战略是党的十九大作出决胜全面建成小康社会、开启全面建设社会主义现代化国家新征程的新战略，乡村振兴包括乡村的经济振兴和文化振兴，实现农村文化振兴，就要挖掘农村文脉，村庄，是村民生活的安居之所。村庄的文化，是村民心灵的家；村庄的民俗，是族群和村庄的地标。提升农民精神境界，丰富农民文化生活是建设美丽乡村，实现乡村振兴的重要内容，冀西北地区社火是农耕文化的精华，是优秀的乡土文化，具有劝人为善、明辨是非的教化功能，能促进人与人之间、村落与村落之间的紧密联系，增强集体认同感，为乡村振兴战略提供精神激励、智慧支持和道德滋养。

冀西北地区是中国原始文化发源地之一，泥河湾地区有200万年前的古人类遗址，5000年前，黄帝、炎帝、蚩尤在阪泉大战，实现了中华民族的第一次融合。此后，民众在这片土地安居，村落在里形成，社火在这里诞生，绵延传承数百年，冀西北地区社火积淀着祖先的聪明智慧、传承着祖先认知世界及与自然社会相处的方式。受传统文化持久熏陶，当地民众保持着信仰性文化心理，敬畏自然，热爱土地，讲求人与自然的和谐共生，注重人与社会的和谐相处。承载着这样的文化基因，冀西北地区社火以仪式化的表演方式来扬善劝恶，教育人们忠诚节义、尊老爱幼、勤劳勇敢、知足感恩。对民众的道德价值观念产生重要影响，能够促进良好乡风的形成。社火可以丰富农民的精神文化生活。离开了文化滋润，人便没有了精神和灵魂，过节期间盛大的社火活动，可以把大人们从喝酒赌博中释放出来，可以把小孩子从手机游戏中吸引过来，可以为民众提供胜过电视网络节目所带来欢娱的亲身参与感和欢庆满足感，对丰富农民精神文化生活，提升农民的素养文化具有重要的意义。社火活动能强化村民之间关系，促进和谐的乡民关系的形成，并紧密村落之间的社会关系。随着时代的进步，经济的发展，农村的社会组织发和民众相处模式发生很大改变，以血缘、地缘为纽带的人与人之间、家庭与家庭之间、村落与村落之间的关系不断疏松，传统的社火活动把村民们在又聚积在一起，唤起民众内心深处最淳朴的记忆、最温暖的情感，增强民众对集体的认同和心理归依。村落之间的“赛社火”和相互拜年活动，能够强化了村落之间的联系，有利于和谐乡村的建设。

第三节　留住乡愁的重要载体

习近平总书记在2013年中央城镇化工作会议上指出要“让居民望得见山、看得见水、记得住乡愁”，会议提出在全国上下进行城镇化的新时期，“要依托现有山水脉络等独特风光，让城市融入大自然，要尽快把每个城市特别是特大城市开发边界划定，把城市放在大自然中，把绿水青山留给城市居民；要注意保留村庄原始风貌，慎砍树、不填湖、少拆房，尽可能在原有村庄形态上改善居民生活条件；要传承文化，发展有历史记忆、地域特色、民族特点的美丽城镇。”乡村记忆是乡愁的载体，它包括两个方面：一方面是物质要素与风貌景观，如日常生活物品、公共活动场所、传统民居建筑等，这些可统称为“记忆场所”；另一方面是非物质文化记忆，如村规民约、传统习俗、传统技艺以及具有地方特色的生产生活模式等。而社火可以说是冀西北大地上最主要的非物质文化之一，是留住乡愁的重要载体。

社火是冀西北民众的一种人文生态存在方式，是他们坚持数百年的文化信仰，他们以这样的方式祈盼五谷丰登，表达平安盛世的喜庆，获得巨大的精神慰藉。在冀西北地区考察，能够强烈地感受到当地民众对社火的深厚情感。2015～2017年元宵节期间，我们先后到怀来县、蔚县、阳原县、万全区、张家口市桥东、桥西等地进行社火考察，社火队伍数量之多，民众观赏热情之高、助捐之慷慨，令人感动。特别是一些在外工作回乡探亲之人，许多“少小离家老大归”的功成名就人士，许多经历了读书求职，在豪华大都市里穿行的白领，许多抛弃了土地，在城市的钢筋水泥里谋生的打工者，他们捐助社火表演的数额少则三五百，多则一两千。他们或者曾是社火演出队最活跃的一员，或许在拥挤热闹的观社火人群中看到自己少年时代的笑脸，社火的锣鼓声敲响的是他们童年的记忆。社火，是一种节庆仪式，更是充满了人文情怀的一种记忆，一种浓浓地留住乡愁的表达。

“留住乡村记忆、呵护乡村记忆、活化乡村记忆，就能最大限度地消除城乡变迁中物质空间的变化与人的情感之间的冲突，最大限度地避免父老乡亲搬进了新楼房，却因未能留住乡愁而造成情感伤痛，既实现物质空间的现代化，又让人的情感得以安放，使家园空间具有高度的人文品质和良好的生态环境。”① 冀西北地区的社火是一种活化的乡村记忆，是一种积极型的留住乡愁。用文化留住乡村的“根”，最终在美好生活的现实温度中，实现每一个人厚重充实愉悦的生命价值感。

第四节　发展乡村旅游业的重要资源

随着旅游业的迅猛发展，“回归自然，返璞归真”已经成为当今世界旅游发展的主题旋律。从 20 世纪 90 年代以来，我国的乡村旅游发展迅速，正在成为国内旅游的一支重要力量。2006 年，旅游扶贫被国务院扶贫办作为产业扶贫中重点推荐的扶贫方式，“绿水青山就是金山银山”的观念深入人心。2015 年国务院出台了《关于进一步促进旅游投资和消费的若干意见》，提出“到 2020 年，全国每年通过乡村旅游带动 200 万农村贫困人口脱贫致富”目标。旅游扶贫凭借其强劲的造血功能和巨大的带动作用，正在成为我国扶贫攻坚的生力军。社火是发展乡村旅游业的重要资源。乡村旅游一方面强调对乡村景观的整体意象的观赏，包括乡村自然风光、村落形态、生活方式和节奏等；另一方面强调自然体验与文

① 陆邵明．留住乡愁．人民日报，2016 - 7 - 24：(05).

化体验紧密结合。旅游者到乡村地区进行旅游活动，经历了一个休闲度假一自然体验一文化体验层次逐渐加深过程，从而使乡村旅游的体验得到升华。文化体验是一种深层次，高级别的旅游体验。社火是开发乡村旅游业的宝贵资源，它使乡村旅游更加活泼生动，更具有吸引力，并促进乡村旅游业的可持续发展。冀西北地区社火经历了数百载的历史积淀，是独具地方特色的群众文化艺术。它集舞蹈、音乐、杂技、体育、戏剧等多种艺术形式为一体，载歌载舞，幽默诙谐，大红大绿，气氛热烈，观赏性与参与性融为一体，可以满足旅游者高层次的精神需求，让游客体验不同的生活方式和风土人情，从而满足游客审美、娱乐等多层次的需求，实现游客回归自然，体验原生态文化，对民间文化寻根溯源的意愿。加强对社火资源开发和利用可以减少对乡村观光产业的过分依赖，缓解旅游给乡村生态环境带来的压力，在带来金山银山的同时，保住绿水青山，是促进乡村旅游可持续发展的重要途径。此外，社火民俗承载着中华民族传统文化中“天人合一”“仁义礼智”“忠诚孝悌”等思想，游客欣赏社火表演的同时，可以真切地感受到传统文化的巨大魅力，受到潜移默化的教育与熏陶，对民族文化产生强烈的认同感，强化民族文化自信。

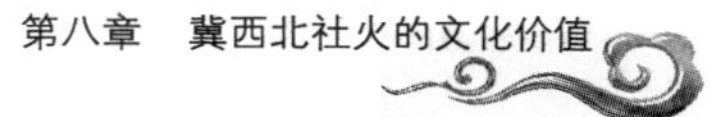

案例　文旅融合结硕果　全域旅游放异彩——第七届蔚县民俗文化旅游节圆满落幕

火红的蔚州，红火的年。从小年到春节、元宵节，历时24天的第七届蔚县民俗文化旅游节圆满落幕。在此期间，蔚县民俗文化旅游红红火火，旅游市场非常火爆，蔚县过大年旅游品牌知名度和影响力大大提升，实现了“欢乐、祥和、节俭、安全、有序”的目标。据统计，2017年1月20日（腊月二十三）至2月12日（正月十六），全县共接待游客90.1万人次，实现旅游总收入6.49亿元，同比分别增长39.5%、44.2%，实现了2017年的开门红。

1. 文化旅游融合发展成效明显

自2016年蔚县被确定为首批国家全域旅游示范区创建单位以来，县委、县政府大力实施“文绿兴蔚、全面转型”战略，把旅游业作为第一主导产业精心培育、打造。以张家口筹办冬奥会为契机，立足自身资源优势，深挖文化底蕴，将文化资源转化为特色文化旅游产品。抓住蔚州古城、暖泉古镇、蔚州古堡三个焦点，做浓“中国年”元素，年节文化成为创建国家全域旅游示范区的重要抓手和关键环节。民俗文化旅游节期间，蔚县民俗文化活动丰富多彩，旅游产品独具特色。蔚州古城景区举办祈福第一鼓、盛世古乐、民俗走秀、蔚州大鼓书、蔚州灯影戏、州衙轶事、传统戏曲、传统魔术、老电影放映等活动，并在正月初九举办玉皇阁新春庙会，正月十六举办中国国际露营大会百城徒步赛（蔚县）预热暨“游百病、逛古城、健康行”蔚州古城“玩转古城”徒步活动。暖泉古镇举办点旺火、打树花、杂耍、民间社火、赏花灯等活动，活阳山老君洞景区举办了迎财神、游百病民俗活动。神泉洞景区举办迎财神、拜药王、观冰瀑、赏花灯活动。县城市民广场举办了民间社火表演、知名旅游企业迎新春元宵灯会。宋家庄镇上苏庄村举办了拜灯山民俗祈福活动，南留庄镇白后堡举办了逗火龙、拜灯仙民俗活动。浓浓的年味、独具特色的民俗文化旅游产品吸引了广大游客来蔚县。

2. 旅游市场非常火爆

蔚县认真贯彻落实春节前习近平总书记视察张家口时的重要讲话精神，激情演绎文化，全域推进旅游，加强区域旅游合作发展，打造区域精品旅游线路，叫响“去崇礼滑雪，到蔚县过年”品牌。民俗文化旅游节期间，以蔚州古城、暖泉古镇为亮点的年节民俗文化旅游非常火爆，旅游接待呈现井喷态势。蔚州古城、暖泉古镇、南张庄剪纸村、蔚州博物馆等景区游客络绎不绝，游古城、逛古镇、赏剪纸、看树花、闹社火、品美食，蔚县民俗文化旅游受到广大游客青睐。特别是室内树花《天下第一堡》、室外传统树花《火树金花》

特别火爆，室内树花《天下第一堡》共演出 50 场，接待游客 3.76 万人；与去年同期相比增长 50%；室外传统树花《火树金花》共演出 12 场，接待游客 2.4 万人。两台演出门票销售预订比例达到 70%，出现一票难求现象。春节、元宵节期间，县城、暖泉古镇所有宾馆、酒店、农家院接待火爆，房间都是提前预订，出现一房难求现象。过大年，促进了蔚县文化旅游业快速发展。

3. 旅游品牌知名度显著提升

节日期间，新华社、《人民日报》《中国旅游报》《中国体育报》《河北经济日报》、河北广播电台、《张家口日报》纷纷到蔚县采访报道；腾讯网、凤凰网、携程网、途牛网等知名网站刊发了蔚县年节民俗文化旅游，网易于正月十四直播了暖泉古镇打树花；中央电视台新闻中心、天津电视台新闻频道拍摄了蔚县拜灯山、打树花，中央电视台科教频道播出了《蔚县古堡闹新春》；日本电视台也播出了蔚县暖泉古镇打树花；正月十四北京人民广播电台 FM 102.5 直播了蔚县正月十六“游百病”。北京旅游摄影协会、张家口摄影协会以及其他京津冀的影友也纷纷到蔚县采风、摄影。元宵节期间，还有来自大使馆的外国朋友来蔚县游古城、逛古镇、看树花。蔚县年节民俗文化旅游品牌知名度大大提升。

4. 旅游市场安全有序

为确保全县人民和广大游客过一个欢乐、祥和的节日，春节前县政府召集有关单位和乡镇召开协调会，对各项工作进行调度、安排部署。春节前及节日期间，县文旅局、公安局、食品和市场监督管理局、交通运输局、安监局等部门加大了旅游安全和市场秩序监管、执法力度，健全了旅游投诉处理机制和服务质量监督体系，维护了旅游者和旅游经营者的合法权益。节日期间，全县旅游市场秩序井然有序，无任何安全事故发生。为了方便游客了解相关信息，蔚县旅游、京西第一州官方微信及时发布旅游攻略和民俗活动信息。县文化旅游局两部电话 24 小时值班，为游客提供咨询、求助、投诉等服务。①

① 蔚县人民政府网站：http://www.zjkyx.gov.cn/article/20160216/746899294-2016-29587.html.

第九章　城镇化背景下冀西北地区社火的现状及发展对策

“没有社火不过年”，社火深深地扎根在冀西北大地上，广泛地吸收和利用各种民间艺术，形成了自己独特艺术品格，对老百姓的日常生活产生着持久影响和重要意义。与此同时，随着城镇化进程的不断加快，农村的政治、经济环境都发生了巨大的改变，农村人口不断下降，老龄化问题日益突出，传统的娱乐方式为电视、网络等新型娱乐媒体所替代，社火的生存境况也受到极大的冲击，社火现状并不容盲目乐观，应该积极思考新的时代背景下，如何加大对社火资源的保护和挖掘，并积极利用社火文化资源，进行产业化开发，使其在新时代绽放更大的光芒。

第一节　冀西北地区社火在新时代的变迁

在调研中我们也发现，随着经济发展，城镇化水平提高，社火形态、文化空间、经济行为、表演者身份等方面都发生

了较为明显变化。

1. 文化空间的改变

根据联合国《人类口头和非物质遗产代表作申报书编写指南》，所谓文化空间是指“可确定为民间和传统文化活动的集中地域，但也可确定为具有周期性或事件性的特定时间”。通俗地说，凡是按照民间约定俗成的古老习惯确定的时间和固定的场所举行传统的大型综合性的民族民间文化活动，就是非物质文化遗产的文化空间形式。当前，社火的表演时间和场所都发生了一定变化。社火本来是春节期间举行的大型节庆活动，但当代冀西北地区社火活动已不再局限于农历正月里举办，而逐渐出现在电视节目录制、重大活动现场、文艺团体表演、政府组织会演、学术研讨会等场合。游艺性质的节庆活动变为固定演出，以前的社火是走街串巷、流动性展开。现在的演出形式经常改为在固定的广场举行，以非物质文化展演形态进行，提前通知观众观看。

2. 由仪式性向观赏性转变

传统的社火仪式性很强，社火开演之前要迎喜神、拜三官，在演出的过程中，先演什么、后演什么都有详细的规范，现在的社火表演经常打破这些程式，更加灵活随意，比较注重表演的观赏性，呈现的是仪式性向观赏性的转变。

3. 演员的妇女化和高龄化

传统社火演员以年轻男子为主，但当前农村的青壮年男丁多外出打工、创业，女性成了主要演员，如以前打棍、蹦鼓子舞必由男性承担，现在很多是由妇女担任。传统社火表演中有许多少年儿童演员，他们热情高、兴趣大，扮演各种角色，现在的少年儿童一则学业任务加重；二则电视、网络等娱乐方式增多；三则受手机、电脑游戏的吸引，对社火的热情和参与度都大大降低。

4. 筹办社火资金的变化

过去办社火所需要的资金是村民自愿集资，有钱的出钱，有力的出力，演出的群众无偿参与，没有报酬。现在的社火，特别是给学者、游客看的社火，变成要靠政府投资、企业赞助，参与的村民按劳获酬的市场方式。冀西北地区的社火有挨家挨户，到相好的村落、乡镇、县的各大单位、企业拜年的习俗，按习俗，社火队到哪里拜年，被拜年的个人和单位都会奉上一定价值的“红包”，过去“红包”不论多少，意义大于数量。现在的“红包”越包越重，社火队也有了以此获利之意。

第二节　冀西北地区社火生存发展面临的问题

蔚县、阳原、万全、怀安、宣怀、张家口市桥东、桥西等县区均保留着社火习俗，并有各自独特的社火项目，成为丰富农民群众文化生活的重要载体。但随着城镇化水平的提高，人们的欣赏水准、审美观念也相应发生了一系列变化，一些传统的、具有地方特色的社火项目已逐渐衰落，看似红火热闹的表层之下，一些社火艺术品种也濒临失传。

1. 社火种类减少，表演形式陈旧，表演技艺下降，内容缺乏创新

20 世纪中期，冀西北地区春节期间社火表演种类多达五六十种，人物角色超过百种，可目前保留下来的均不足半数，许多村庄已经多年没有组织表演社火。各地普遍都出现了社火表演形式简单化、古风不足，丧失真趣味的问题。一些艺术性强，需要较高的个人表演水平和能力的社火种类，如高跷、蹦鼓子、打棍等，表演者技艺明显下降，许多传统有特色的社火种类守成有余而创新不足，观赏性降低。

2. 人才青黄不接，传承后继乏力

笔者调查，冀西北地区许多社火古老而独特，非常珍贵，传承人大多却多是垂垂老者，如打棍传人李德元老人今年已经 88 岁，拜灯山的传承人赵国胜、赵翠都年近八旬，现在能够参与演出蹦鼓子的村民绝大多数都在五六十岁以上。而当前愿意参加社火排练、演出的年轻人越来越少，许多绝技能难以传承，后继乏力，老艺人们一旦离世，珍贵的社火品种

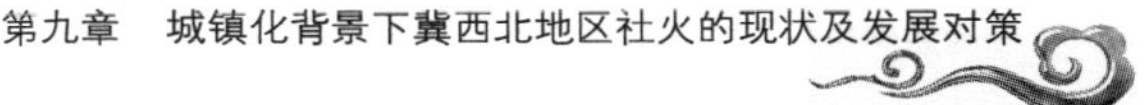

也将面临消失的危险。

3. 保护资金欠缺

社火表演规模浩大，角色众多，动辄上百人的队伍。人员组织与调配、演出人员费用与器具服饰开销、场地的安排协调、演出的交通食宿等都需要资金支持。组织社火有时还需支付社火演员报酬。一方面演出费用大量增加；另一方面是经费的短缺，政府对社火没有专项拨款支持，民众对社火捐助积极性也如以前，社火年年“减色”也就成为情理之中的事。

4. 观演人员日少

在城镇化进程加速的时代背景之下，农村政治、经济、文化生活都发生了天翻地覆的变化，人民生活节奏的加快，信息获取途径多元化及娱乐形式的丰富多彩，以电视、网络为代表的大众传媒深入乡村角落，使人们对古老社火观看的热情越来越低。农民对土地的依赖性减小，社火表演失去了信仰层面的土壤。

5. 政府重视程度不够

当地政府对社火民俗的珍贵性及文化价值认识不足，没有充分认识到优秀民俗文化对敦化民间风俗、端正伦理道德、彰显文化内涵、促进文化旅游发展的内在潜力。关注和重视程度远远不够，资金的投入比重很小，没有制定切实可行的保护制度，更谈不上开发利用。

6. 缺乏对社火的深入挖掘和研究

冀西北地区社火中的拜灯山、打棍、背阁、蹦鼓子舞、高跷戏等虽然已经被列为河北省非物质文化遗产了，但是没有专门的研究机构和固定的研究人员，对其整理和研究只是初级层次。第一缺乏对其宏观把握和整体设计；第二缺乏对其源流的历史考察；第三缺乏对其文化内涵，特别是其中蕴含的伦理文化的挖掘。研究的滞后和薄弱严重制约了人们对冀西北社火民俗历史渊源、内涵特征、文化价值等方面的正确认识和判断，直接影响了政府对丰富文化资源的有效开发利用。

第三节　加强冀西北地区社火保护利用的基本思路和对策

一、基本思路

1. 坚持保护第一，合理开发利用原则

优秀民俗文化资源价值不可估量，一旦遗失，不可再生。对冀西北地区社火资源要坚持保护第一思想，强化多种保护方式，完善保护规划和保护措施，进行科学有效的保护，使其不被破坏、失传、湮灭。在保护的前提下进行合理的开发利用，发挥优秀民俗文化资源的社会效益和经济效益，形成良性循环，保护是进行产业化开发的前提和保证，合理的产业开发，可以促进更加有效的保护。在保护中求开发，在开发中促保护。

2. 加强管理，建立科学的管理机制

冀西北地区的社火种类繁多、覆盖面广，保护工作涉及政府众多行政管理部门，要加强管理，明确各部门的职权、职责，建立科学管理机制，在保护中做到缜密规划、精心组织、精心实施。首先，要对社火资源进行科学的梳理与归类，准确把握各类资源的特性，站在民族文化振兴的高度来审视文化资源；其次，加强制度化保护，健全和完善分级分类保护制度；再其次，是强化多样化保护方式，完善保护规划和保护措施，实行重点保护、专项工程保护；最后，要将保护纳入到法制化管理轨道。

3. 坚持民俗文化产业化发展之路，提高开发水平

变文化资源为文化资本，充分利用社火资源优势，不断创新、发展，通过现代化市场动作方式，在大力发展文化民俗旅游事业的基础上，积极开拓历史文化产业发展的多种形式，把文化旅游业、文化展演业、休闲娱乐业、特色文化创意产业等作为支柱型文化产业来培育，精心策划、包装、打造一批具有核心竞争力的社火文化产品和文化品牌。

4. 实施人才策略，提高科研水平，加强文化创意

充分发挥地方高校在建设先进文化、培养文化人才中的作用。首先，要培育锻炼本地科研人才，对本地社火研究在“专”“深”“透”上下功夫，争取出高水平的研究成果，扩大社火的知名度；其次，要鼓励有条件的高校融合学科资源，针对冀西北经济发展现状，集中开展民俗文化产业发展的对策性研究、升级研究；再其次，鼓励高校老师积极进行文化产品的创作和设计；最后，通过文化单位与高校合作，举办研修班等形式，培养高素质的专业技术人才、经营管理人才等。

二、主要策略

1. 加强对社火文化空间的保护

所谓“文化空间”，一是特指按照民间约定俗成的传统习惯，在固定的时间内举行各种民俗文化活动及仪式的特定场所。二是泛指传统文化从产生到发展都离不开的具体自然环境与人文环境。文化空间是民俗类非物质文化遗产得以生存的自然环境和人文环境，民俗之所以形成，必须是约定俗成，其形式和内容都有一定的确定性、稳定性和本地群众的认可性，不能将社火从它生存的文化空间中剥离出来，不能为了迎合旅游，把民俗活动的时间和空间人为改变，要积极保护和培植社火生存的土壤，在作为民俗活动的组成部分进行表演时，要保留其古朴天真的原生态，展现其蕴含的传统精神。要特别注意防止在“保护”的旗帜下为我所用，对非物质文化遗产的随意阉割和扭曲。

当然，对社火文化空间的保护并不是因循守旧、故步自封，发展是永恒的主题，创新是艺术的生命，社火要在保护其民俗内涵与文化传统的基础上积极推陈出新，在保持“古味”的基础上，呈现蓬勃的新意，一是对那些以前很受民众喜爱，现已过时的社火，可以从内容到形式进行改造，增添时代新元素，增强艺术表现力，提高艺术水平；二是对那些深受群众喜爱的经典社火也要注意吸纳当代艺术精华，反映时代风采，满足当代老百姓的审美需求。

2. 加强对社火的深入挖掘研究，建立社火资料数据库

冀西北地区社火是活态的民俗资源，展示了祖辈的生存方式和思维特点，集中了大量优秀的民间艺术，主要靠口传心授辈辈传承。要动员和组织当地的科研工作者、非遗保护专家、志愿者等组成专业队伍，加大对社火资源的保护和挖掘，深入民间进行田野调查和采集，特别是对一些在其他地方已经消亡、有传统特色、艺术水平高的社火种类及社火的角色、展演形态、民俗文化内涵等展开全方位研究与保存抢救，充分利当前先进的科学技术手段，对一些老社火艺人、民间社火举办的整个过程、经典社火表演等刻录制作光盘，建立社火资源数据库，全面保存社火的音影、文字资料。

3. 积极培养社火传承人

社火来源于民间，传承延续主要靠群众，传承人在非物质文化遗产保护中起着举足轻重的作用。相关部门要进一步加强对传承人的保护、支持和培养，鼓励民间老艺人带徒授艺，组织社火艺术传承人走进课堂，鼓励中青年积极参加社火表演，对新一代社火传人进行声乐和表演技能的专业培训，可从艺术学院毕业、有表演天赋的当地大学生中遴选人才，使其承担传人职责，精心打造各类社火的当家明星，从而解决传承人断层现象。

4. 积极申报国家级非物质文化遗产，争取国家资金的支持，提高知名度

冀西北社火具有独特的地域特色，保留着明清社火的原始初态，保存了许多其他地区已经消失的社火种类和众多珍贵民间艺术形式，展示了独特艺术审美风格，集思想性、艺术性、观赏性为一体，既蕴含着深厚的民俗文化精髓，又体现出多重文化开发价值，具备申请国家级非物质文化遗产的特质。当地政府和各级管理与研究人员，要加大对冀西北地区社火的研究、保护和整合力度，积极申请国家级非物质遗产，扩大冀西北社火的知名度。

5. 树立文化品牌，积极进行产业运作

一是政府要高度重视，做好统筹协调，成立专门机构，负责对当地社火进行采集、整理、研究、开发、演出等，通过电台、电视、广告牌、旅游景点、研讨会、文化节等方式对社火进行全方位的宣传推介，形成冀西北地区社火的文化品牌；二是积极促进社火产业化发展，大力发展民俗旅游业。针对社火的旅游资源特色，制定专门的旅游形象传播策略。如组织开展庆祝和纪念性的活动，增加庭院式民间文化活动，推出小型社火表演活动，周边热点景区做表演宣传活动等。同时，成立社火演艺公司，负责大型社火的商业化演出活动；开发旅游纪念品市场，制作社火音像制品；促成冀西北地区社火文化与地方其他旅游文化的有机融合，如泥河湾文化、三祖文化、草原文化、长城文化等，依托旅游市场，形成有竞争力的文化型旅游产业。

6. 实施社火进校园活动，建立全民参与保护的机制

一要在小学、中学、大学三个层次全面实施社火文化进校园活动，小学、中学阶段重在艺术熏染，让中小学生扮演社火，观看社火，了解社火，喜爱社火，激发和培养兴趣。大学阶段重在对社火艺术的深入学习研究和传承，地方高校的艺术类专业课程中可增加社火艺术种类的相关教学内容，舞蹈节目编排、美术作品创作中吸取社火艺术精华，要积极利用社火元素，并注重培养大学生作为社火艺术的传承人。二要加大宣传教育力度，培养当地民众对自己地方文化的喜爱和自信，号召全体民众参与到社火的保护和传承中来。

总之，各级政府和相关部门要提高认识，达成共识，积极保护社火的文化空间，做好对传统社火文化的挖掘、保护和传承工作，发挥社火的魅力和价值，在继承中不断创新发展，使其成为表现地方文化，加强地域认同，发展地方经济的工具。

结 语

近年来，在国家、省区市及当地政府的大力支持下，社火艺术形式有了更大的发展空间，蔚县、阳原、万全、怀安等各县区每年都要组织社火表演，对制作技艺精湛、艺术表演水平高的社火，还要给予经济奖励，民众对社火依然十分喜爱，热情不减。但在调查中，我们也看到，在农村城镇化进程加速的时代背景下，外来文化不断冲击本土文化，人们的娱乐方式呈现多元化。熟悉社火表演的老人相继离世，冀西北地区看似红火的社火实际上已面临着勉强维持，难以创新的境况。加大对社火的研究、挖掘、保护和传承是当前一项重要工作。主要结论或建议如下。

1. 冀西北地区社火为民俗学研究提供了宝贵的资料

张家口地处晋冀蒙交会，多民族杂居之地，自古是兵家必争之地，冀西北社火由燕赵文化、三晋文化、蒙古族文化共同浸染而成，已传承了数百年之久，既有与晋社火一脉同源，异曲同工之妙，又呈现出“尚武”的粗犷特色，明显受到蒙古族文化的影响，呈现出多元文化杂糅，包容开放的张垣特色。具有独特的区域文化特点和深厚的文化底蕴，反映了当地人民的伦理观念和精神风貌；独特的艺术形式和丰富多彩的内容，为民俗学研究提供了宝贵的资料。

2. 冀西北社火具备申请国家级非物质文化遗产的文化价值

冀西北社火具有独特的地域特色，展示了独特艺术审美风格，传承久远，群众参与度高，集思想性、艺术性、观赏性为一体，既蕴含着深厚的民俗文化精髓，保留了众多珍贵民间艺术形式，又体现出多重文化开发价值，具备申请国家级非物质文化遗产的特质。当地政府和各级管理与研究人员，要加大对冀西北地区社火的研究、保护和整合力度，积极为这个优秀民俗申请国家级非物质遗产。

3. 大力加强对冀西北地区社火的保护和传承力度

一是要加强对社火文化空间的保护，不能任意将其从它生存的文化空间中剥离出来。二是加强对社火的深入挖掘研究，成立专业队伍进行田野考察、采风和科学研究，建立社火资料数据库，积极培养社火传承人。三是实施社火进校园活动，建立全民参与保护的机制。

4. 冀西北地区社火资源是发展乡村旅游业的优秀资源，对党的十九大提出的乡村振兴战略具有重要意义

要对社火进行全方位的宣传推介，树立社火文化品牌，

积极进行产业化运作。大力发展民俗旅游业。开展大型社火的商业化演出活动，开发旅游纪念品市场，制作社火音像制品等，同时促进社火文化与其他旅游文化的有机融合，如泥河湾文化、三祖文化、草原文化、长城文化等，依托旅游市场，形成有竞争力的文化型旅游产业。

5. 在发展和创新中永葆社火活力

文化的保护和传承并不是因循守旧、故步自封，发展是永恒的主题，创新是艺术的生命，社火要在保护其民俗内涵与文化传统的基础上积极推陈出新，在保持“古味”的基础上，呈现蓬勃的新意，一是对那些以前很受民众喜爱，现已过时的社火，可以从内容到形式进行改造，增强艺术表现力，提高艺术水平；二是对那些深受群众喜爱的经典社火也要注意吸纳当代艺术精华，增添时代元素，反映时代风采，满足当代老百姓的审美需求。

冀西北地区社火传承数百年，历史悠久，内涵丰富，有着广泛深厚的群众基础，成为一种约定俗成、不可更替的传统民俗文化。它蕴藏着民族的文化基因和精神特质，蕴涵着优秀的传统文化精神。加大对冀西北地区社火的研究、挖掘、保护和传承是当前一项重要工作，当地政府和学者应主动承担起挖掘和整理研究的重任，为中华民族优秀传统民俗文化的保护和传承尽心尽力。

附录　作者公开发表的相关论文

冀西北历史文化资源的保护和开发

摘　要： 冀西北地区以张家口为主体，境内有丰富的历史文化遗存，具有历史悠久，积淀深厚、农耕文化与草原文化交融互补、浓郁的军事色彩、显性资源不多，文化名人较少的特点。当地政府对历史文化资源的保护与开发工作高度重视，学术研究不断深入，文化旅游发展迅速，文化品牌逐步形成，但也存在着保护和开发的思路不清晰、历史文化产业水平低等问题。针对这些问题，提出了历史文化资源保护和开发的思路和对策。

关键词： 张家口　历史文化资源　保护　开发

“东方人类从泥河湾走来、中华文明从涿鹿走来、新中国从西柏坡走来”是当前河北省文化建设围绕特色文化资源，重点打造的三张文化名片。在这“三个走来”中，有两个“走来”位于冀西北张家口地区，一是阳原县的泥河湾古人类文化遗址，二是涿鹿县的“三祖文化”圣地。冀西北地区以张家口市为主体，地处京津冀环渤海经济圈与冀晋蒙外长城经济圈的交汇点，素有“塞外明珠”之美誉。天高云阔，风景优美，是河北省历史文化资源大市，全市不可移动的历史文物和近现代及革命文物遗存点2 910处，占全省文物总数的1/4，其中，全国重点文物保护单位负责27处，省级重点文物保护单位65处，占全省同级以上文物的12%。加大对冀西北地区历史文化资源的保护和开发是河北省建设文化强省的一项重要内容。

一、冀西北历史文化资源的构成和特点

（一）冀西北历史文化资源的构成

联合国《世界遗产名录》将世界遗产分为自然遗产和历史文化遗产两大类。历史文化遗产又细分为文物、建筑群和遗址。此外，还有一些非物质历史文化遗产。[2]冀西北历史文化资源的构成如下。

1. 文物

文物指从历史、艺术或科学角度具有突出普遍价值的建筑物、碑雕和绘画，具有考古意义的成分或结构，铭刻、窟洞及其联合体等（联合国教科文组织《保护世界文化和自然遗产公约》）。张家口是文物大市，境内文物丰富，价值极高。

最为著名的有宣化辽墓、六代长城、黄羊山清凉寺、大境门、鸡鸣驿、梳妆楼等[1]。

如宣化下八里辽墓群规模宏大、分布集中、出土器物珍贵、墓葬形制多样。辽代壁画墓群1993年被评为“全国十大考古新发现”之一。涿鹿县黄羊山上的清凉寺，始建于距今两千多年的西汉，扩建于唐朝，建筑宏伟，风景优美，气候宜人。康熙、乾隆、咸丰等历代皇帝都来该寺敬香拜佛，留下真迹碑文和诗词60多篇。大境门被誉为“万里长城第一门”，是省级重点保护文物。建于清顺治元年（公元1644年），与山海关、居庸关、嘉峪关并称为中国万里长城四大关口之一。怀来鸡鸣驿建于明代，是目前国内规模最大、保存最完整、内部设施最齐全的军用驿站。梳妆楼是张家口地区乃至北方地区唯一一个保存至今的元代地上墓葬建筑。[1]

2. 建筑群

指从历史、艺术或科学角度看，在建筑式样、分布或环境景色方面具有突出的普遍价值的独立或连接的建筑物（联合国教科文组织《保护世界文化和自然遗产公约》）。冀西北地区著名的古建筑群有暖泉古镇、宣化古城、张家口堡、万全右卫城等。如位于蔚县西部的暖泉古镇是中国历史文化名镇，建于元代，壮大于明清，保有“三堡、六巷、十八庄”的古貌，集“古民宅、古寺院、古城堡、古戏楼”为一体，

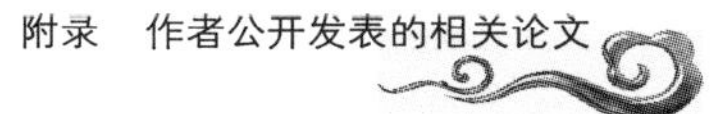

当地居民生活保持着传统民俗，极具历史文化价值。宣化城是我国北方历史上重要古城之一，城池规模较大，保存完整，距今已有600多年历史，“其城雄阔甲于他郡”，是明代万里长城“九镇”之一，城内至今保存着许多处古城墙、古街道、古建筑、古寺庙、古民居、古遗址、古墓葬等，清远楼、镇朔楼被列入全国文物保护单位[1]。

3. 遗址

指从历史、审美、人种学或人类学角度具有突出的普遍价值的人类工程或人与自然的联合工程及考古遗址地带（联合国教科文组织《保护世界文化和自然遗产公约》）。冀西北境内最为著名的当属闻名中外的泥河湾遗址、黄帝城城址和元中都遗址。

泥河湾遗址群是迄今为止我国发现的最早的人类起源地。2000年，泥河湾旧石器考古被评为中国百项重大考古发现之一，2001年，泥河湾遗址群被国家公布为第五批全国重点文物保护单位。2002年，泥河湾被列为国家级自然保护区。黄帝城遗址位于涿鹿县矾山镇西，是《史记》记载的黄帝“合符釜山，而邑于涿鹿之阿”，在涿鹿山下建设的第一座帝都。遗址内陆续发现了大量陶器、石器，均以距今五千年左右的仰韶文化和龙山文化为典型。元中都遗址发现于距张北县城北15千米的白城子，是公元1307年元武宗所建，1999年入选全国十大考古新发现；2001 年被公布为第五批全国重点文物保护单位，目前正在进行申报世界历史文化遗产保护名录。[1]

4. 非物质文化遗产

指被各群体、团体，有时为个人视其为文化遗产的各种实践、表演、表现形式、知识和技能及有关的工具、实物、工艺品和文化场所（联合国教科文组织《保护非物质文化遗产公约》）。冀西北张家口市有国家级非物质文化遗产 5 项，省级非物质文化遗产 15 项。著名有的蔚县剪纸、打树花、涿鹿“三祖文化”、阳原竹林寺寺庙音乐，东路二人台等。[3]

（二）冀西北历史文化资源的特点

1. 历史悠久，积淀深厚

冀西北地区是东亚地区古人类文化的摇篮，古文化渊源可上溯到 200 万年前。是华夏民族及其文化的发祥地，早在 5000 年前，中华三祖炎帝、黄帝、蚩尤桑在桑干河下游涿鹿一带阪泉会战、合符釜山，有“中华文明开涿鹿”，之说。从春秋战国，至辽、元、明、清，历朝历代的人民在这片土地生活、耕作，留下丰富多彩的文化遗存，积淀了深厚的历史文化。

2. 农耕文化与草原文化交融互补

张家口位于晋冀蒙三省交界，农耕经济和游牧经济的交错地带，商周时的北狄、猃狁、春秋时的山戎、东胡、秦汉时的匈奴、乌桓、北朝时的鲜卑、隋唐五代的突厥、回纥、奚、沙陀，及辽代的契代、金代的女真、元代的蒙古族、清代的满族等各民族都在此地与汉族杂居。自古是边陲与内地贸易之所，南北交通要道，不同民族在这里交流融合、互相渗透，形成了农耕文化与草原文化交融互补，多民族杂居共生的历史文化传统。

3. 浓郁的军事色彩

冀西北地区紧临京师，是扼守京都的北大门，连接边塞与内地的交通要道，被清代乾隆皇帝誉为“神京屏翰”，为历代兵家必争之地。长城遗迹贯穿于整个冀西北境内，保存下来的比较完整的明代军事城堡比比皆是，如万全右卫城、怀安左卫城、宣府镇城、独石口开平卫城等。此外，张家口还被称为“第二延安”，境内有同盟军纪念塔、冯玉祥纪念馆、吉鸿昌烈士纪念馆、察哈尔农民协会旧址、西北国民军二十九军抗日烈士祠、晋察冀军区司令部旧址、察哈尔烈士陵园、晋察冀画报社旧址等红色旅游景点。浓郁的军事色彩是本地区历史文化的一大特色。[4]

4. 显性资源不多，文化名人较少

冀西北地区由于地处苦寒、战乱频仍，在漫长的历史发展长河中，境内的文化遗迹遭到了不同程度的破坏，很多早已消失殆尽，现在所看到的多为近代或当代的建筑。名人通常是指历史上著名的人物，他们曾经为特定的目的而做出巨大的贡献，或留下了不朽的成就，如历史上著名的政治家、思想家、军事家、文学家、科学家等，他们的事迹、故事为今人所熟知。历史名人也是历史文化资源的重要组成部分，在冀西北地区的历史文化资源中，历史文化名人显然不多。

二、冀西北历史文化资源的保护与开发现状

（一）当地政府高度重视，文化体制及政策不断完善

党的十七大以来，各地政府积极开展文化产业的规划和研究，制定了一系列地方性的文化产业发展规划，张家口市政府对当地历史文化资源的保护工作也高度重视，先后出台了许多保护和支持政策。2009 年张家口市政府出台了《关于进一步推进文化产业发展的实施意见》（张字［2009］25号），2010 年制定了《张家口市文化产业振兴规划纲要（2010～2015）》，编制了《张家口市文化产业发展规划（2010～2020）》。各县区也迅速行动起来，分别根据各县区域经济发展水平、生态自然环境、历史文化资源分布特色等“制定规划、完善政策、加强管理、搞好服务”，积极进行历史文化资源的保护开发工作。

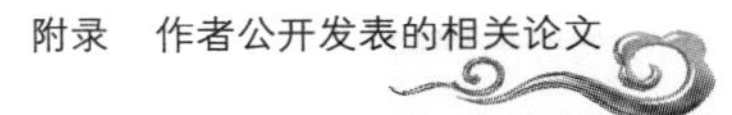

（二）加大保护和挖掘力度，学术研究不断深入

作为重要的地域文化，冀西北地区的历史文化一直受到学术界的关注，对它的研究也一直没有间断过，建立了一定数量的研究中心、研究院，如张家口市历史文化研究会、河北省炎黄蚩三祖文化研究会、泥河湾文化研究会等，不仅编撰了《张家口历史文化丛书》《张家口百年史话》等普及性的文史著作，而且还通过组织召开高级别、高层次的学术研讨会，对当地的历史文化进行深入研讨，如从 1995 ~ 2009 年，由中华炎黄文化研究会、中国先秦史学会、河北省炎黄文化研究会、河北省社会科学院和市县人民政府等单位主办，分别召开了四届三祖文化学术研讨会，百余位国内外专业家学者实地考察了涿鹿地理地貌和境内的黄帝城、阪泉、蚩尤城等一批古文化遗址，对涿鹿境内三祖文化的各个方面展开了多层次、全方位、多学科的学术交流和充分讨论，产生了一批高水平的学术论著，有力地证实了涿鹿是黄帝重要的活动地，也是炎、黄、蚩三大集团最合实现大融合、大统一的归宿地。1997 年和 2009 年，由河北省文物局、中国元史研究会、张北县人民政府联合举办了“元中都学术研讨会”“中国·张北—中都论坛”，中、日、韩等国 50 余名学者共同研究探讨元中都历史，挖掘元中都文化。

（三）文化旅游事业发展迅速

凭借着丰厚的历史文化资源和良好的自然生态环境，近年来，冀西北地区文化旅游业发展迅速。全市主打的十大景区分别是张北中都草原旅游区、沽源金莲川旅游区、崇礼天然滑雪旅游区、涿鹿黄帝城旅游区、赤城温泉旅游区、蔚州古城与绿色大峡谷旅游、怀来鸡鸣驿旅游区、长城大境门旅游区、宣化古城旅游区、阳原泥河湾古人类遗址旅游区。2012 年，全市接待国际游客 8.33 万人次，同比增长 10%；接待国内游客 2 109.7 万人次，同比增长 41%；旅游业总收入 128 亿元，同比增长 47%，占全市 GDP 的 10.4%。文化旅游成为近年来张家口市区域经济发展新的增长点。①

（四）文化品牌逐渐形成，知名度逐渐提升

冀西北历史文化资源实施品牌战略，现已初步形成祖源文化（三祖文化和泥河湾文化）、中都草原、蒙古族文化、军旅文化等品牌，知名度也不断提升。如紧紧围绕三祖文化这张独具魅力的文化品牌，借冀台经济合作洽谈会连续在张家口举办的机会，精心组织一年一度的大型祭祖活动，吸引了大批海内外人士来张家口寻根探源。举办蔚县国际剪纸艺术节，吸引了来自 16 个国家和地区及国内 25 个省市区的 1 600

① 数据来源：张家口市旅游局。

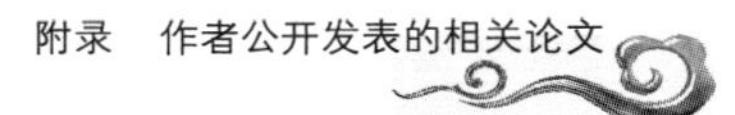

多名剪纸艺术大师和专家学者，实地感受蔚县剪纸艺术在传承中发展的喜人成果。张北草原音乐节集文化、经济于一体，成为中外摇滚音乐的视听盛宴。在这些极具地域特色的文化品牌的带动下，张家口市的文化魅力和城市形象也淋漓尽致地展现在世人面前，提高了在国际国内的知名度。[5]

三、冀西北历史文化资源保护与开发存在的主要问题

冀西北历史资源的保护和开发尽管取得了一些成绩，但从现在的发展状况来看，还有许多不尽如人意的地方。主要问题如下。

（一）对历史文化资源产业保护和开发的思路不清晰

面对冀西北丰富的历史文化资源，当地政府对其广阔的发展前景寄予厚望，但并没有形成清晰的保护和开发思路。例如，如何解决资源保护和人民生存生活之间的矛盾问题，如何筹措资金进行资源保护问题，历史文化资源的社会价值的深度挖掘和经济价值的开发问题等。如今许多已经开发的项目，也处于一种“被动式”“任其发展式”，有前期开发，没有后期的跟进评价，或者是前期的规划详尽，后期落实乏力等。

（二）资源分布分散，聚集力弱

张家口地区共有 4 区 13 县 3 个管理区，面积为 3.7 万平

方千米，历史文化资源分布于县区，有远有近，按照属地进行管理，聚集力较弱。如鸡鸣山位于下花园东区 2 千米处，归下花园区管理，山上有建于北魏孝文帝太和五年（481 年）的碧霞元君殿，建于辽圣宗太平四年（1024 年）永宁寺。景区内风景秀丽，庙会传统沿袭百年，自古香火兴盛，游人众多，在当地知名度颇高。而位于鸡鸣山脚下，因山而得名的鸡鸣驿却归属怀来县，没有纳入景区管理之中。

（三）历史文化资源产业化水平不高

冀西北地区历史文化产业发展还处在初级阶段，存在产值小、规模小、市场化程度低、发展滞后、产业发展环境不良等诸多问题。文化资源的产业化开发的发展规模明显偏小，产业链不长，产业之间的有机联系不密切，没有形成具有竞争力和规模化的文化产业群体，文化产品的规模优势没有得到发挥。文化资源产业化过程中的科技含量和技术水平较低。大部分文化节产品的生产依赖传统工艺，创新能力不强，技术水平较低，产品档次较低。

（四）资金短缺使得一些优秀项目得不到开发

张家口市改革开放时间较晚，财政收入总量和一般预算收入情况与河北省其他城市相比还有一定差距。张家口市目前的财政水平对历史文化资源的保护和开发所提供的支持力度有限，文化方面的投入主要集中在公益性文化事业单位的人力资源经费、基本业务经费和设施维护经费等。资金短缺使得一些依托历史文化资源的优秀项目得不到开发，文化产业投融资困境亟须改善。

（五）缺乏高规格的研究机构，学术研究成果的水平与影响力有待提高

研究成果的质量、数量等决定了历史文化资源影响力及文化品牌的形成。张家口市有一些专门针对冀西历史文化的研究机构，但总地说来，研究力量分散，研究水平较低，研究成果缺乏深度。在泥河湾、三祖、元中都、宣化辽墓等优秀、独有的历史文化研究中，无突破性成果。

四、冀西北历史文化资源保护和开发的思路与对策

（一）坚持保护与开发并举的原则

历史文化资源价值不可估量。要在保护中求开发，在开发中促保护。对历史文化资源进行科学有效的保护是对其进行产业化开发的根本保证，要强化多种保护方式，完善保护规划和保护措施，只有妥善加以保护，使历史文化资源不被破坏、失传、湮灭，才有可能进行产业开发；只有通过合理的产业开发，发挥历史文化资源的社会效益和经济效益，形成良性循环，才有可能实施有效的保护。

（二）建立科学的管理机制，加强对历史文化资源的保护

冀西北历史文化遗产种类繁多、覆盖面广，保护工作涉及到政府众多行政管理部门，要明确各部门的职权、职责，建立科学管理机制，在保护文化遗产中做到缜密规划、精心组织、精心实施。首先，要对文化资源进行科学的梳理与归类，准确把握各类文化资源的特性，站在产业开发的高度来审视文化资源；其次，加强制度化保护，健全和完善分级分类保护制度；再其次，是强化多样化保护方式，完善保护规划和保护措施，实行重点保护、专项工程保护；最后，要将保护纳入到法制化管理轨道。

（三）加强政府主导作用，促进地域间的文化合作

通过政府部门的协调来提高宏观管理效率。首先，要加强地域间的文化合作，建立跨区域联盟，实现资源共享、互利双赢。如打破县与县之间的行政界线，建立大的文化产业园区、设计具有文化历史内涵的精品旅游线路等。其次，发挥区位优势，促进与周边地区，北京、天津、内蒙古、山西等省区市的合作，特别是要发挥张家口市环首都经济圈的优势，加强与北京的合作，实现冀西北地区为首都的后花园，娱乐、休闲、养生之地的首选的目标。

（四）坚持走历史文化资源产业化发展之路，提高开发水平

充分利用历史文化资源优势，不断创新、发展，用现代化市场动作方式，使文化资源变成真正的文化资本。在继续大量发展文化旅游事业的基础上，积极开拓历史文化产业发展的多种形式，把文化旅游业、文化展演业、休闲娱乐业、特色文化创意产业等作为支柱型文化产业来培育，精心策划、包装、打造一批具有核心竞争力的文化产品和文化品牌，加快构建历史文化产业发展链条，加快文化产业集群的建设。

（五）建立多元的投融资机制

对历史文化资源的保护与开发不能仅依靠政府的财政投入，而应该借鉴发达国家和地区的做法，确立“谁投资，谁受益”的基本原则，扩大多种投资、融资渠道，降低投资准入门槛；鼓励各类社会资本对文化产业进行投资，以独资、合资、参股、合作、特许经营等方式，积极参与文化基础设施建设、文化产业项目开发和文化产品的生产经营。

（六）实施人才策略，提高科研水平，加强文化创意

充分发挥地方高校在建设先进文化、培养文化人才中的作用。首先，要培育锻炼本地科研人才，对历史文化资源的研究在“专”、“深”、“透”上下功夫，争取出高水平的研究成果，扩大本地区历史文化资源的知名度；其次，要鼓励有条件的高校融合学科资源，针对冀西北经济发展现状，集中开展文化产业发展的对策性研究、升级研究；再其次，鼓励高校老师积极进行文化产品的创作和设计；最后，通过文化单位与高校合作，举办研修班等形式，培养高素质的专业技术人才、经营管理人才等。

总之，冀西北地区历史文化资源丰富，在实际工作中，要坚持以科学发展观为指导，遵循可持续发展原则，在加强对历史文化资源保护挖掘的基础上，积极发展依托历史文化资源的文化旅游业和其他文化产业，打造具有地方特色与民族特色的文化产品，促进区域经济高速低碳发展。

参考文献：

［1］陈贵，邓幼明．张家口历史文化丛书之三・丰富的文物［M］．北京：党建读物出版社，2006.

［2］姚伟钧等．从文化资源到文化产业——历史文化资源的保护与开发［M］．武汉：华中师范大学出版社，2012.

［3］河北非物质文化遗产保护网——保护名录，http：//www. hebfwzwhyc. cn/baohumulu. asp？l3 =3，2013. 9. 10.

［4］李瑞杰等．张家口历史资源的再认识［J］．河北北方学院学报（社会科学版），2012（2）：79 –82.

［5］王翠莲等．文化“软实力”发展“硬支撑”——张家口发展文化产业综述，新华网河北频道（2012 –05 –10 09：44：23），http://www. he. xinhuanet. com/news/2012 –05/10/content_25206921. htm.

音乐类非物质文化遗产的传承规律与保护策略

——以阳原县竹林寺寺庙音乐为例

摘　要：以阳原县竹林寺寺庙音乐为例，总结了音乐类非物质文化遗产的传承规律：家传师授的形式、口传心授的方式、音乐程式性强及与群众生活联系紧密，探讨了音乐类非物质文化遗产当前所面临的危机，提出了与经济发展密切结合、与群众生活密切结合、与时代精神密切结合的“三结合”保护与开发策略。

关键词：阳原竹林寺　寺庙音乐　音乐类非物质文化遗产

“传统是一条河，也许我们今天无法看到祖辈们住过的茅草屋，看不到‘五百年前是一家’的亲热景象。但是，祖辈们唱过的歌还一息尚存。我们依稀还可以循此地查找我们的文化基因和‘家谱’，确证我们的血脉里流淌着那条‘热河’。”[1]这是李爱真、吴跃华编著的《音乐类非物质文化遗产保护概论》（中国矿业大学出版社）一书自序中的一段话。它真切地反映出了音乐类非物质文化遗产对中华儿女的重要意义。

非物质文化遗产指有传承传统的、代表一定的精神意志的，且具有重要的人类文化价值和群体价值的文化。根据2003年10月17日联合国教科文组织通过的《保护非物质文化遗产公约》和2006年5月20日国务院公布的《第一批国家级非物质文化遗产名录》，我国非物质文化遗产主要包括民间文学、传统戏剧、民间美术、民俗、民间音乐、曲艺、传统手工技艺、民间舞蹈、杂技与竞技、传统医药、社会风俗、礼仪、节庆以及有关自然界的知识和实践等。[2]河北省历史悠久，源远流长，是中华民族文明的摇篮和重要发祥地，具有丰厚的历史文化积淀，是非物质文化遗产资源大省。据初步统计，散落在河北省的优秀民族民间文化遗产共有民间戏曲、民间音乐等十大门类，数百个项目。张家口阳原竹林寺寺庙音乐于2006年6月被列入河北省第一批省级非物质文化遗产名录。

一、阳原县竹林寺寺庙音乐及保护现状

竹林寺是我国古代众多寺院中最早用来命名的一类，古代文学中有语涉竹林寺的诗词、文章很多，著名的如中唐诗

人朱放的《题竹林寺》、方干的《游竹林寺》、宋代大文豪苏轼的《次韵张子野竹林寺二首》等；《三朝高僧传》是佛教精英阶层的传记汇集，是记录僧人的总传。其中共提到竹林寺 18 条，说明竹林寺在中国佛教史上具有重要意义。从古代文献资料可以看出：竹林寺在我国流传久远，自晋代以来，各朝僧传都留下了一些有关竹林寺的记载。竹林寺地域分布广泛，不分南北，既有京师便利之地，也有蜀川偏远之处。[4]至今在我国许多地方还存在，著名的如徐州竹林寺、烟台市莱山区竹林寺、四川丹棱竹林寺、泰山竹林寺、福建长乐市竹林寺，河北省内就有衡水市竹林寺和阳原竹林寺，许多成为国内著名的名胜景点。

但在以上众多的竹林寺中，寺庙音乐源远流长传承下来的，仅剩下了河北省阳原县的竹林寺寺庙音乐。阳原县是河北省张家口市下辖的一个县，地处黄土高原、内蒙古高原与华北平原的过渡地带，历史悠久，始建郡于西汉时期，境内有著名的人类文化遗址，泥河湾遗址。据《阳原县志》载：竹林寺位于阳原县东城镇境内青元山上，始建于明万历年间，是一座集佛、道、儒“三教合一”的建筑，风格独特。寺内修炼以道为主，佛、儒次之，香火旺盛，香客云集，逐渐形成具有自己独特风格的寺庙音乐。直至民国初年，当地宗教界出现了“三元义”鼓乐班，名气很大，竹林寺鼓乐班也取用“三元义”称号，相继传承，沿用至今。[3]竹林寺寺音乐以阳原县为中心，向周边辐射，分布于阳原县境内、张家口市各县区、山西省周边地区、内蒙古部分地区、北京部分地区。

阳原县竹林寺寺庙音乐具有独特的演奏形式，有着深刻的文化内涵。目前阳原县境演奏竹林寺寺庙音乐有 9 个乐班，其中最长的已传承 16 代，古乐曲共有 60 余首，形成较为完整曲谱套张的有 20 多首，如：步虚、五供养、十报恩、小开门、千声佛、浪淘沙、玉皇赞等。近年来，当地政府已将阳原寺寺庙音乐列入抢救保护计划，2005 年对寺庙音乐曲谱的收集、整理建档、原始器乐的保护和老艺人的采访工作，初步配齐演奏班子 6 个。2006～2009 年，完成对寺庙音乐主要曲谱的录音，组织培训，让老艺人传授演奏方法，并配备专门研究人员系统进行整理完善。

二、音乐类非物质文化遗产的传承规律

阳原县竹林寺寺庙音乐能够申遗成功，第一在于它的历史悠久，古老。据《阳原县志》载：至明万历年间，阳原境内的佛道儒三教融合相继形成，时任边关总兵的梁尚文（阳原县东城镇人）告老还乡，用其俸银在当地建“三教合一”的竹林寺，并住持修道，信民间宗教，以道为主，佛次之。

经卷乐本中佛道内容均有寺庙音乐雏形渐备。据东城镇水峪口村有“静僧”之称的梁尚文十六代玄孙梁台和介绍，其祖上有的是出家道人，有的是在家信徒，据家谱记录，至梁会家族道教音乐已传承到第十六代，一至五代家谱“文革”中遗失，六代以后还保存有当时记录。现在的寺庙鼓乐班由第十六代传人梁会掌管。此外还有杨氏鼓乐班、姚氏鼓乐班、袁氏鼓乐班等共 9 个乐班，其中大多数乐班已传承百年以上。

第二在于其独特音乐风格。音乐竹林寺寺庙音乐曲调流传下来的乐曲风格各异，有道家风格乐曲、佛家风格乐曲、民间乐曲等，形成了三教合一的寺庙音乐体系特色。在中国音乐史中，佛道两家都已形成各自的音乐体系，但“三教合一”的音乐体系尚未形成，竹林寺寺庙音乐为我国“三教合一”音乐体系提供了十分难得的宝贵资源。对竹林寺寺庙音乐的谱系、风格、演出形式进行系统研究，对于丰富和完善中国音乐史，都将产生一定的推动作用。

非物质文化遗产的传承是一个世界范围内的难题，从竹林寺寺庙音乐来看，其传承规律及特点主要如下。

1. 传承形式为家传师授

音乐类非物质文化遗产的传承方式最重要的是家传师传，代代相传的形式。阳原竹寺寺庙音乐以家传为主要形式，几个主要乐班都保留下了较完整的谱系。最具有代表性的梁氏

鼓乐班，以家族传承的形式相传十六代，除此一至五代族谱在“文革”遗失外，从第六代梁雨至第十六代梁会均有记录，第十五代传人梁台谱生于1925年，梁会生于1945年，目前阳原竹林寺寺庙音乐的代表传承人。杨氏鼓乐班相传六代，一至三代有姓无名，记载不详，第四代杨裕传子杨志高，（1923年生）杨志高传子杨占春（1959年生）。阳原县内现有9个有自己谱系的乐班，除了上面的梁氏乐班和杨氏乐班历史更为悠久一些外，其他7个乐班都发祥于清末民初，第一代传人都是以拜师学艺的方式学得技艺，然后以家传的形式传承下去。其中姚氏乐班、张氏乐班都清楚记载师从梁氏班十四代传人梁升学艺。

2. 传承方式为口传心授

竹林寺寺庙音乐在上百年乃至数百年的传承过程中，并不靠文字和乐谱，而主要以口传心授为主。历代班首把自己全部吹打技艺，用手把手教，口对口传的方式，悉心教给下一代传人。梁氏鼓乐班、杨氏鼓乐班，虽然传承谱系比较清晰，但未留下系统的曲谱。

3. 程式性强

竹林寺寺庙音乐伴随民俗、宗教活动形成、发展，具有礼俗活动的程序性特征，简约而庄严。虽然乐班不同，但演奏形式与乐曲风格却大同小异，不同乐班演奏的曲目既有重

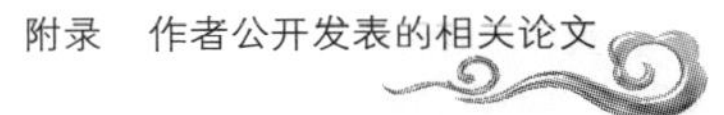

叠，亦有不同，有利于搜集整理时相互修正与补充。

4. 与老百姓生活紧密联系

竹林寺寺庙音乐代代传承，经久不衰，有其深厚的社会基础。一是阳原民间宗教之风盛行，群众把希望寄托于神明。二是历代各种庙会，祭祀活动连续不断，群众求雨、求子、还愿、消灾灭病、拜佛求神，都需吹奏或做法事。如正月十五真武庙会，太尉出驾、二月十九观音庙会、四月泰山庙会、五月关帝庙会、七月初一金山寺庙会等。三是每年四头八节，僧道皆有门事可做。四是丧葬出殡、超度亡灵、寄托哀思，请鼓乐班吹奏，更是多年习俗。家境再贫，也需吹打一番，大户人家则是大操大办，以示孝顺。可见寺庙音乐与人民群众的生活习俗有着千丝万缕的联系，故而能在几百年来发展、繁荣、传承，绵延不断，流传至今。

三、音乐类非物质遗产传承面临的危机

1. 音乐艺术传人年岁已高，技艺传承后继无人

竹林寺寺庙音乐代表性传承人梁会已 66 岁，张清成 71 岁，年轻一些的也都 50 多，将近 60 岁。一些颇有造诣的吹打乐老艺人，如梁台普、杨志高、张汝成、张春发等，逐步退出舞台，有的相继谢世，某些绝技难以得到传承，随时面临失传的可能。并且，随着时代的发展，娱乐活动呈现多元化，大众的审美口味也发生巨大的变化，竹林寺寺庙音乐的欣赏者、爱好者以老年人为主，再加上年轻人大多在外打工，学习、演奏竹林寺寺庙音乐不能带来或带来很少的经济收入，故年轻人大多不愿学习，寺庙音乐传承后继无人。

2. 音乐赖以生存、发展的社会基础发生变革，曲谱整理困难重重

一些传统民俗日益淡化。特别是殡葬制度的改革，丧事从简，使寺庙音乐在广大乡村中的展示平台日益减少。近年来，佛道悄寂，庙会停息，丧葬虽请吹鼓手，但以流行歌曲为主，一般不演奏传统寺庙乐曲。再加上音乐类非特质文化遗产主要是口传心授，原本留下来的曲谱就非常有限，再加上技艺传承主要为自传自家，少数为拜师学艺，传于他姓，留下来的老艺人中，多少还保留着这样的传统，不愿把自己的技艺与掌握的曲谱轻易示人。这样就使用曲谱的搜集和整理工作困难重重。

3. 政府参与不够，保护、推广和研究力度不强

竹林寺寺庙音乐资源尽管丰富，但仍处于一种自生自灭的状态，当地的文化部门较少参与管理。尽管近 5 年来有过几次较大规模的采集，但由于没有建立起健全的保护机制和管理体系，对所收集到的资料保护措施不到位，也导致已经收集到的资料逐渐流失，音响文本损毁等。近年来，还产生

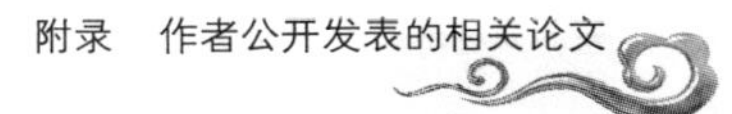

了一些新曲目，目前政府也未组织相关人员进行收集整理。从当前情况来看，该地区寺庙音乐发展的总体规模偏小，发展的速度较慢甚至萎缩、流失或异化。

4. 资金支持匮乏

音乐类非物质文化遗产的保护需要资金的投入，缺乏资金的所谓保护其实都是无法落实的。竹林寺寺庙音乐的搜集、整理缺乏组织性，一方面是历史遗传的结果，但是更主要的是因为没有相应的资金支持。即使有些人有这种热情和见识，但没有相应的资金支持也无能为力。竹林寺寺庙音乐的整理研究需要组织需要资金，其实对于大多数音乐类非物质文化遗产保护来讲，资金匮乏都是目前一个最大的问题。当地经济落后，政府投入极少，没有经费来源。据了解，自 2005 年以来，政府为竹林寺寺庙音乐的整理研究共投入资金 2 万元。目前，竹林寺寺庙音乐已经是曲谱残缺不全，老艺人相继去世，如果任其自然发展，将有“人亡歌息”的危险。这也是许多其他音乐类非物质文化遗产面临的共同难题。

四、音乐类非物质文化遗产的保护与开发策略

保护非物质文化遗产，对于增强民族的自信心、自豪感，增强民族认同感、归属感，促进经济、社会、文化的全面协

调发展，构建社会主义和谐社会，都将起到积极的促进作用。政府部门、学术界和本地区本族群人士都必须参与，不可或缺。音乐类非物质遗产的保护与开发应该坚持“三结合”原则。

1. 与经济发展紧密结合，挖掘非物质文化遗产的经济效益

市场经济体制社会中，固守非物质文化遗产的独立纯粹性，已经不具有现实可能性。所以音乐类非物质遗产的保护不能是单纯保护，而应该适应以经济建设为中心的国情，推动它与经济的结盟。阳原竹林寺寺庙音乐以群体演奏为主，使用管子、笛子、笙、钗、鼓、云锣、铙、钹、海螺号（俗称海锥）、当当等十种乐器，演奏时，表演者头戴道冠，身着道袍，嘴里配合乐曲悠扬发歌，有较强的艺术观赏性。音乐类非物质文化遗产一般情况下都是有舞有乐有歌，具有独特的艺术特色和文化价值。这样，它就可以和当地的文化旅游事业结合起来，形成独具特色的民俗旅游项目，打造当地的文化品牌，在带来经济效益的同时，促进自身的发展。

2. 与现实生活紧密结合，培植继续生长繁荣的土壤

“非物质文化遗产是某个民族或地区群体民众传承，生存于生活中，不脱离生活的‘生活文化’”。[5]《阳原县志》载：阳原佛教始于汉代、兴于六朝；而道教则起源更早。寺庙音乐则是与佛道两教同时产生的宗教器乐艺术，具有浓厚的地方色彩，与当地人民群众的生活习俗有着千丝万缕的联系。它扎根于这个特定地方的传统文化历史中，具有本土性，无法剥离。阳原县竹林寺寺庙音乐体现了阳原县及周边地区的文化特质和价值，体现了当地人民独特思维方式、世界观、价值观、审美意识、情感表达等因素。所以音乐类非物质文化遗产的保护和传承必须和当地的现实生活紧密结合起来，和其所在的环境、人联系在一起，才能真正发挥它的价值，促进它的繁荣发展。[5]

3. 与时代精神紧密结合，与时俱进，不断开拓和发展

继承不是因循守旧，一成不变，而是在继承的基础上发展。在经济、文化日益一体化的今天，阳原县竹林寺寺庙音乐也在渐渐失去存在的土壤和社会环境，表演者的素质、观众的欣赏趣味，也随着时代的发展而有的新的变化。音乐类非物质文化遗产想在新的社会条件下发展、壮大，就必须在原有的音乐、表演形式上，增强时代元素，反映群众现代生活。使之与现代文明相结合，音乐类非物质文化遗产才能获得旺盛的生命力和竞争力。

总之，音乐类非物质文化遗产是人类的珍贵财富，它积淀了人类文明的智慧和经验。具有浓厚的地方色彩，与当地人民群众的生活习俗有着千丝万缕的联系。对音乐类非物质文化遗产进行发掘、抢救和保护，对于推动精神文明建设，丰富人民群众的文化生活，提高人民群众的素质，构建和谐社会，都将产生重要的促进作用。

参考文献：

［1］李爱真，吴跃华编著．音乐类非物质文化遗产保护概论［M］．北京：中国矿业大学出版社，2011.

［2］王文章著．非物质文化遗产概论［M］．北京：文化艺术出版社，2006.

［3］金建锋．“三朝高僧传”中的竹林寺［J］．宗教学研究，2009（1）：180－185.

［4］阳原县志．藏于阳原县史志办．

［5］但娟．非物质文化遗产开发及其法律规制［D］．重庆：西南大学．

优秀民俗文化资源保护开发和生态旅游发展相融合研究

——以草原天路为例

摘　要：民俗文化资源能够增加生态旅游地的传统吸引力，提升游客文化品格和精神境界，是发展旅游业的重要资源。生态旅游业的发展为优秀传统民俗文化的保护和开发提供了经济支撑，使地方政府和居民认识到地方传统民俗的价值，提高了地方知名度，为发展民俗旅游提供条件。积极发展集生态旅游与民俗文化旅游为一体的旅游产业，满足游客游、购、娱、吃、住、行等多种需求，是保证立足在自然生态基础上的旅游产业，向纵深拓展，缓解环境压力，提高经济收入，提升旅游的品质，实现可持续发展的重要途径。

关键词：民俗资源　保护开发　生态旅游

习近平总书记在 2013 年 12 月 12 ~ 13 日北京举行的中央城镇化工作会议上讲话指出，让城市融入大自然，让居民望得见山、看得见水、记得住乡愁。山和水，是一个地区的自然生态资源，而乡愁却是一种情，它的载体是源远流长的人文历史传统，是一个地方特有的民俗文化。生态旅游，是在不破坏自然资源和生态环境的原则下进行的旅游活动，以达到自然生态与文化资源的永久存续。生态旅游的兴起与发展为传统民俗文化的保护和开发带来了契机，二者相互融合，对于地方生态环境保护、旅游业品质提升、地方非物质文化遗产保护都具有重要意义。

一、草原天路概述

草原天路位于河北省张家口市，西起张北县台路沟乡正边台村，经万全，东至崇礼县桦皮岭，全线 132.7 千米。2011 年底由张北县政府投资 3.2 亿元建设，2012 年 9 月底一期建成通车，形成了坝上与坝下地区地理位置的自然分界线。草原天路是内蒙古高原和华北平原的分界线，北通内蒙古大草原，西南方接礼仪之邦三晋大地的山西大同，南边是京畿重地和广袤的燕赵大地，地理位置优越，交通便利，距离首都北京仅 180 千米。草原天路沿百里坝头蜿蜒而建，高空俯瞰，如一条蛟龙曲折盘踞于山峦起伏之间，天空湛蓝如洗，绿树成荫，碧草如茵，梯田罗列，牛羊在野，还有随处可见，整齐有序的风力发电的大风车，构成了一副大自然的风景。草原天路区域气候条件凉爽宜人，最热月份（7 月）平均气温也不足 19℃，并且有着优质的空气质量，近年来空气质量监测显示，张家口地区是长江以北空气质量最好的地区，年平均优良天天数达到 315 天左右，而地处坝上的张北草原天路区域，又是本地区空气质量最好的区域。以上这些，使草原天路具备了发展生态旅游的全部要素，故建成以起，在地方政府没做任何宣传的背景之下，迅速“爆红”，掀起了草原“天路旅游热”。吸引了周边地区大量游客会聚，被广大游客誉为“我国具有自驾观光旅游价值的线路”“中国的最美公路”“中国的 66 号公路”。据不完全统计，截至 2014 年，草原天路游客数量已达到 100 万人次；2015 年 1 ~ 9 月，张北接待游客 409. 95 万人次，旅游收入 26. 82 亿元，其中绝大部分都是为草原天路慕名而来。

草原天路区域至今依然保留自战国燕赵以来直至明清时期的六代古长城遗迹，古长城依坝上山势而建，形成纵贯东西的长城军事阻隔带。草原天路依古长城修建而成，天路之北是茫茫内蒙古大草原，沿天路南麓的谷地沟壑，是被誉“北方丝绸之路”的著名古商道——张库大道的经行之路，沿线分布着塞外雄关大境北，京北重镇张家口堡子里、万全右卫城等，是明清时期沟通南北政治、经济、文化交流沟通的重要通道。中华文明的两大支流——农耕文明和草原文明在这里交汇碰撞，形成了草原天路区域蒙汉文化交融，多元文化并存的文化特色。草原天路区域内分布着较多的文化遗存，如六代古长城遗址，金元大战的野狐岭、金莲川幕府、元中都遗址等。草原天路区域自古为兵家必争之地，蒙汉杂居，坝上地区长期在少数民族辽、金、元的统治之下，坝下地区是大量来自山西等地的屯兵驻军。该地区居民既有坝上少数民族的粗犷豪放之风，又受三晋礼仪文化浸染颇深，在服饰饮食、婚丧嫁娶、待客礼仪、节庆游乐、民族工艺、建筑形式等方面，各有特色，形成了丰富多彩的民俗文化景观，呈现出蒙汉杂糅，崇文尚武、民间文艺丰富多彩的特点。这些民俗文化现象，以其丰富的内容、浓厚的地方色彩、鲜明的民族特点，构成民俗旅游开发的丰厚资源，具有极高的旅游价值。

二、民俗文化资源是生态旅游业发展的重要资源

随着草原天路旅游热的迅速兴起，一些自然生态旅游景区常见的问题也凸显出来，一是游客数量大大超过承载力。网易新闻2015年7月21日发布了“周六日的草原天路，只见车人不见路”的报道，由于人满为患，百里草原天路需走8个小时。据不完全统计，在草原天路旅游旺季（5～10月期间周五、六、日及7、8月暑期），草原天路最低时自驾游车辆约2 000辆左右，最高峰达到5 000辆。二是生态环境问题

严重。大量游客车辆的到来也引发各种问题，如游客随意停驻造成拥堵、任意走入公路两侧腹地，造成植被踩踏破坏、路边野餐垃圾遍地等，长此以往天路美景将被慢慢破坏。三是大量客流给当地旅游管理带来考验。管理滞后，管理资金不足影响草原天路的可持续发展。生态旅游不是简单的观光旅游或猎奇与探险旅游，它重视人与自然环境的良性互动，在生态旅游中，注重民俗文化资源的开发和利用，能够缓解景区环境压力，使游客体验不同的风情民俗，接受知识和文化的洗礼，提高旅游品质，获得最佳体验，一个地方优秀民俗文化资源对发展生态旅游业具有重要意义。

（一）民俗文化资源是生态旅游地的传统吸引力的重要来源

民俗文化是历经千百载历史变迁沉淀下来的独具地方特色的文化，包括当地的食俗、衣俗、礼俗、节俗、民间文化等，能够让游客体验到不同的生活方式和风土人情，或者唤起内心深处浓郁的“乡愁”，从而满足游客审美、娱乐等多层次的需求，实现游客回归自然，体验原生态文化，对民间文化寻根溯源的意愿，从而使生态旅游区更具有吸引力。

（二）民俗文化资源开发和利用是生态旅游可持续发展的重要途径

民俗文化旅游是一种高层次的文化游，它满足了游客

“求新、求异、求乐、求知”的心理需求，成为旅游行为和旅游开发的重要内容之一。在自然生态景观旅游中，积极拓展和融入民俗文化旅游，可以扩大旅游区域和范围，增加旅游内容和项目，提升景区的文化内涵，开发更多的旅游产品和项目，增大旅游收入，是保证生态旅游可持续发展的一条重要途径。

（三）优秀民俗文化的展示和传播能有效提升游客文化品格和精神境界

优秀的民俗文化承载着中华民族传统文化中“天人合一”“仁义礼智”“忠诚孝悌”等思想，在特色各异的民俗风情体验中，游客真切地感受到传统文化的巨大魅力，认知了自我文化的价值，对民族文化产生强烈的认同感，强化了民族的自我认同意识，受到潜移默化的教育与熏陶，从而个人的思想境界得到提升，激发和引导游客主动地保护热爱我们的文化和生存环境，与自然和谐相处。

（四）民俗文化旅游能减少对观光产业的过分依赖

民俗文化旅游可以减少游客在自然景区的逗留时间，分流游客，从而疏缓景区压力，保护景区的生态环境。

三、生态旅游业的发展为民俗文化的保护和开发带来契机

民俗是在数千年的岁月中积淀形成和传承下来的，记载

着先民们的思维和生活方式，是中华民族根基，是血脉和文化基因。但随着经济的发展和农村城镇化进程的加速，人们居住环境和生活方式发生了很大改变，现代人的节日观念日益淡化，许多传承久远，蕴含着中华民族伟大精神的民俗活动面临着消亡的危险。从这方面来看，生态旅游的兴起与发展为传统民俗文化的保护和开发带来了契机。

（一）生态旅游业的发展为优秀民俗文化的保护开发提供了经济支撑

为了加强对传统文化的保护，许多优秀民俗被列入国家、省、市非物质文化遗产名录，如蔚县的“拜灯山”、万全的“打棍”、张北的“戳古董”等，抢救、挖掘、传承优秀的民俗文化需要大量财力物力支撑，也需要培植民俗赖以生存的土壤，除了上级政府下拨专项保护资金外，地方政府还需要筹措大量的配套资金。一个财政贫弱的地区，是没有闲力投入非物质文化遗产保护的，而生态旅游业的发展拉动了地方的经济展水平，为优秀传统民俗文化的保护和开发提供了财政支持。

（二）生态旅游业的发展使地方政府和居民认识到地方传统民俗的价值

一方面，随着自然生态旅游的蓬勃发展，大力发展旅游产业成为各级地方政府的共识，在旅游资源的积极开拓当中，

优秀民俗文化所具备的旅游产业要素会进一步凸显；另一方面，各地游客在进行自然风光游览时，对旅游地民俗风情的浓厚兴趣，使居民认识到地方民俗和地域文化所具有的特殊魅力和巨大价值，逐渐意识到传统民俗的意义和价值，自觉地增加传承和保护意识。

（三）生态旅游业的发展提高了地方知名度，为发展民俗旅游提供条件

生态旅游是文化旅游的载体。旅游业的发展首先依赖于风光独特的自然美景和历史悠久名胜古迹。优势的自热生态旅游，可以聚集人气，树立品牌，提高地方知名度，从而带动和促进处于劣势的民俗文化旅游业。

四、草原天路民俗文化资源保护开发和生态旅游发展相融合的思路和建议

依托现有的旅游资源，积极发展集生态旅游与民俗文化旅游为一体的旅游产业，是保证立足在自然生态游基础上的草原天路旅游产业，向纵深拓展，缓解环境压力，提升经济收入，保证其可持续发展的重要途径

（一）坚持利用与保护相结合的原则。在保护的前提下进行开发，通过开发利用促进保护。旅游业是资源依附性很强的产业，特别依赖自然环境和人文环境的质量。草原天路在

短短三四年间从“无”到“有”，从默默无闻到迅速“爆红”，旅游业呈现“井喷式”的增长，就是依赖于它独特峻美的生态自然风光。而游客暴增，随意在沿线停车逗留、野营、烧烧等，也造成草原天路车辆严重拥堵，遍布垃圾，植被和沿线受到破坏等，给草原天路区生态环境带来极大的考验。确保生态环境不被破坏、永续利用，是草原天路区域发展民俗旅游的基本前提和生命线。所以，必须把生态保护放在首位，坚持可持续发展的原则，坚决反对以牺牲生态环境为代价换取的“经济繁荣”，正确处理保护和开发的关系，强调保护与管理并重的思想，使草原天路的天更蓝，草更绿，道路更加清洁，空气更加清新。

（二）积极推进民俗文化资源保护利用和生态旅游发展相融合的理念。生态环境是民俗旅游的载体，而积极发掘和利用民俗文化资源，又能够减少游客对自然景观的过度依赖，缓解生态压力。所以，各级政府要坚持“动静结合，绿色发展，树立品牌”的思路，开阔眼界，高屋建瓴，统筹安排，制定相应的发展规划，充分认识到挖掘、保护和开发优秀民俗文化对生态旅游区业发展的重要意义，认真思考对草原天路区域原汁原味、丰富多彩的民俗风情进行保护和开发的方针策略，建立生态旅游与民俗文化旅游相融合的理念和机制。加大对草原天路的生态保护区，加强保护传承和利用民俗文化的政府调控力度，树立草原天路民俗生态旅游的品牌，提升草原天路旅游业的品质内涵，实现可持续发展。

（三）着力打造民俗文化展示带，挖掘深层次体验式的旅游项目。结合美丽乡村建设，乡村旅游扶贫等项目，将游客从“一路”引到一个大的区域，这个区域由草原天路向周边地区辐射，形成草原天路沿线腹地的乡镇农村——草原天路沿线张北、崇礼、尚义、万全等县及张家口市区大境门、水母宫——张家口市整个坝上坝下地区的一个大辐射区，把草原天路和张家口市的诸多旅游景点、项目整合为一体，带动、促进整个张家口市旅游业的发展。着力打造民俗文化展示带，一是在草原天路沿线腹地的乡村，积极发展乡村旅游业，让游客欣赏狗吠深巷、鸡鸣在院、耕牛遍野的田园风光同时，体验乡间民众生存生活方式和冀西北地区传统的婚丧嫁娶乡风俗；二是设立民俗风情体验区，让游客深入地体验民俗民情，如引入国家级非物质文化遗产蔚县剪纸，设立剪纸体验馆等；三是打造和推出各种节庆文化。草原天路区域开发较晚，保留下了大量传统民俗，对传统节日特别注重，春节、元宵节、清明节、中元节、中秋节等节日都过得隆重而有仪式感，适宜于发展节庆旅游；四是建立地方美食文化一条街，集中展示张家口坝上坝下的食俗文化。如坝上的莜面、胡麻、土豆，坝下的六谷文化：稻、粱、菽、麦、黍、稷的种植与各种吃法。肉类有坝上鲜美的牛羊肉，全国闻名的柴沟堡熏肉、万全马肉、阳原驴肉等，酒类有长城、益利等葡萄酒，白酒有三祖龙尊、沙城老窖、康保老窖、赤城宝典，塞北的莜麦酒、万全高庙的老烧酒等。水果有宣化牛奶葡萄，怀涿盆地水果、蔚县阳原的杏与杏等；五是设立艺术展演区，张家口市民间文艺非常发达，流行的地方小戏十余种，康保东路二人台为国家级非物质文化遗产，此外还有张北戳古董、干嗑、万全打棍，及社火表演，各种秧歌、鼓乐舞等诸多省市非物质文化遗传承久远，技艺精湛，均是发展民俗文化旅游的最佳资源。通过文化产品的创新和发展，民俗文化带的建设与打造，可以满足游客游、购、娱、吃、住、行等多种需求，提高旅游的附加值，增长经济收入，有利于进一步提升草原天路旅游品牌，实现民俗文化旅游与生态旅游的互补与促进。

（四）加强民俗文化生态环境的保护，营造全民保护民俗文化生态环境的自觉性。对民俗文化资源的开发利用的同时，要注重保护民俗文化的生命力与活力，避免将民俗文化过于商品化和舞台化，保留其原生态和质朴性特点。优秀的民俗文化植耕于乡村的土壤之上，存活于老百姓的日常生活中，而不仅仅局限于一台歌舞或一个展馆。随着城镇化进程的加速，许多优秀民俗赖以存续的环境与土壤正在发生改变甚至消失殆尽。所以，城镇化与新农村建设中，政府要尊重老百姓乡土民俗和生活习惯，重视对居民文化生态环境的保护。此外政府要加强对非物质文化遗产的传承保护力度，投入专项资金，加大宣传与力度，加强民众对自身文化的认同感，热爱并自觉地传承老祖先流传至今的文化习俗和传统。

旅游业能够带动第三产业，拉动第一产业，联动第二产业，促进招商引资，被称之为“永远的朝阳产业”。草原天路要抢抓京津冀协同发展和京张两天共办冬奥会的机遇，乘势而上，积极构建自然景观与民俗文化相融合的特色旅游带，并带动整个张家口市旅游业的发展，实现张家口市“十三五”规划中“大生态、大旅游”的发展目标，将旅游业打造成为拉动经济，造福一方百姓的支柱产业。

参考文献：

［1］姚伟钧等. 从文化资源到文化产业——历史文化资源的保护与开发［M］. 武汉：华中师范大学出版社，2012.

［2］陈贵，安俊杰. 张家口文化丛书·多彩的民俗［M］. 北京：党建读物出版社，2006.

［3］孔伟等. 生态文明视角下县域生态旅游产业发展研究——以

河北怀来县为例［J］. 河北北方学院学报（社科版），2014（2）.

［4］徐嵩龄 . 怎样认识风景资源的旅游经营——评“风景名胜区股票上市”论争 . 旅游学刊，2000（3）.

［5］网易新闻 . 2015 －7 －21，http：//help. 3g. 163. com/0415/15/0721/06/AV1DF7T604150081. html，2016 －9 －11.

三祖文化对张家口市历史文化产业发展的启示

摘　要：三祖文化从1993年提出，经过20年的发展，“中华三祖文化”品牌已基本形成。在文化旅游的基础上积极开拓影视艺术基地、主题公园等新的商业模式，两岸经济合作密切，社会效益突显，中华三祖文化园区被列入河北省30个重点文化产业项目之一。三祖文化对张家口市历史文化产业发展的有益启示主要有6点：一是历史文化资源的保护和开发要在严谨的历史考证的基础上进行；二是要深入挖掘历史文化资源的传统文化精神；三是把社会效益放在首位，完整保护历史文化资源；四是实行是以活动带项目的方式；五是注重包装和宣传；六是发挥地缘优势，积极和京津地区进行文化合作。

关键词：三祖文化　张家口　历史文化产业　启示

随着社会经济文化的快速发展，文化产业在经济发展中的地位越来越重要，已成为世界公认的“朝阳产业”。文化资源是文化产业的基础，张家口市历史文化资源丰富，据统计，境内不可移动的历史文物和近现代及革命文物遗存点 2 910 处，占全省文物总数的 1/4，其中，全国重点文物保护单位负责 27 处，省级重点文物保护单位 65 处。[1] 与丰富的历史文化资源不相适应的是资源的开发利用程度较低，文化产业的总体发展还处于初级阶段，总量较小。三祖文化是张家口市优秀的历史文化，2010 年 4 月上海世博会被定为河北馆介绍城市起源板块“中华文明从这里走来”的开篇内容。三祖文化的挖掘，开发对张家口市整体历史文化资源的保护和利用有着积极的参考价值。

一、三祖文化的提出

三祖文化是“炎黄蚩三祖文化”的简称，是 1993 年 10 月任昌华先在根据炎帝、黄帝、蚩尤在河北涿鹿的史籍记载及古遗址遗迹考究第一次提出的。三祖文化的含义有三：第一，中华民族的文明始祖有三个：炎帝、黄帝、蚩尤，而不只炎黄二帝；第二，中华民族的文明初创是炎、黄、蚩三祖及其所代表的部落或部落联盟共创的；三祖开创中华民族的文明初制，足迹遍布全国在部分地域，但最重大、最具决定作用的事件是在河北涿鹿完成的，即阪泉之战、合符釜山、“邑于涿鹿”。① 经过 20 年的发展，已逐步为社会各界认知，认同。

1. 三祖文化是在丰富的历史资源支撑下提出的

著名历史学家顾颉刚先生在《中国上古史演义·序》中有“千古文明开涿鹿”之论。在以涿鹿县矾山镇为中心的30千米范围内，留有三祖遗迹23处之多，如黄帝城遗址、黄帝泉、黄帝合符结盟之地——釜山、黄帝崩葬地——桥山、蚩尤寨、蚩尤坟等。在古城遗址内，考古挖掘出大量新时期文化遗存，如石刀、石斧、陶鼎等。此外，在涿鹿大地上，至今流传着许多关于黄帝、炎帝、蚩尤的古老传说及民俗文化。这些故事从战争到和平，从生产生活到发明创造，保有文明初期的古朴色彩，显然非后人任意想象而成。

2. 三祖文化是在翔实的文献记载基础上提出的

黄帝、炎帝、蚩尤在河北省涿鹿县一带活动的事迹留存于历朝历代的文献记载国。司马迁《史记·五帝本纪》中有“轩辕之时，神农氏世衰。诸侯相侵伐，暴虐百姓，而神农氏弗能征。于是轩辕乃习用干戈，以征不享，诸侯咸来宾从。……轩辕乃修德振兵，……以与炎帝战于阪泉之野。……与蚩尤战于涿鹿之野，遂禽杀蚩尤。北逐荤粥，合符釜山，邑于汲鹿之阿。”[2]张守节引《括地志》释：“釜山在妫州怀戎县北三里。”郦道元《水经注》：“涿水出涿鹿山，世谓之张公泉，东北流经涿鹿县故城南，王莽所谓虢陆也。

黄帝与蚩尤战于涿鹿之野，留民于涿鹿之阿，即于是处也。其水又东北与阪泉合，水导源县之东泉。”[3]清道光年间，保安知州杨桂森根据古文献记载，通过对涿鹿境内的相关古迹、古河道、山川地形等进行实地考察，写下《矾山考古记》，云：“怀戎有涿鹿山，涿水出焉。山下有泉，广百步，深无底，四时一色，古之阪泉，城东二百步，泉上有黄帝祠。”[3]

3. 三祖文化是经权威专家科学考证提出的

三祖文化自1993年提出以来，期间历经四届国家级、省级高规格大规模研讨会的严格论证，李学勤、孟世凯、王北辰等多位知名专家教授的缜密探辨，在史料研究和实地考察的基础上从文化和史学的高度充分肯定了“三祖文化”的其史学价值。如北京大学地理学教授，博士生导师王北辰先在《黄帝史迹涿鹿、阪泉、釜山考》一文中认为：《史记·五帝本纪》所载黄帝、炎帝、蚩尤征战的“阪泉之野”“涿鹿之野”，胜利后又与诸侯“合符釜山”，这些古迹都在河北省涿鹿县境内。涿鹿古城和阪泉在矾山镇，釜山在保岱乡窑子头村北之山。[3]

4. 三祖文化是发扬民族传统文化，顺应时代精神的背景下提出的

中国自古是一个多民族国家，炎帝、黄帝、蚩尤三位始祖在涿鹿的两次大战实现了民族的融合与统一，形成了中华

民族的图腾——龙。三祖文化以各民族同根共祖为核心价值观，以团结和谐统一为基本理念，融注了中华传统文化中的“和谐”“融合”“团结”“爱国”“落叶归根“等思想，成为凝聚各民族人民情感回归的精神动力和重要纽带。对实现中华民族伟大复兴，大力发扬和传承传统文化具有重要意义。

二、三祖文化产业的发展

三祖文化作为涿鹿县多年倾力打造的文化产业重点工程，在品牌树立、资源开发方面，取得如下成绩。

1. 产业发展定位清晰

三祖文化从提出伊始，就具有明晰的产业定位，聘请高级别专家指导，依据科学管理来发展壮大文化品牌。先后委托中国科学院地理科学、资源研究所和神州地洋（北京）旅游景观设计研究院、中外园林建设有限公司等单位编制了《涿鹿县旅游发展总体规划》《中华三祖圣地项目总体规划》《黄帝城旅游区控制性详细规划》《涿鹿中华三祖文化园总体发展规划》等文件，对三祖文化产业的发展进行了详尽科学的规划定位。并争取到中国社会科学院历史研究所和中国先秦史学会两个国家级权威学术研究机构作为研究开发三祖文化的学术指导单位，聘请首都旅游集团研究院首席研究员李

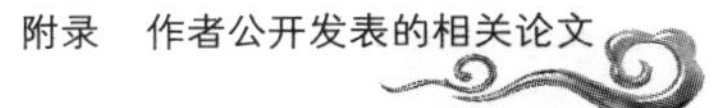

庚以及宫长为、李先登、郑光、罗昆等50多位知名科学家和先秦史研究专家学者作为三祖文化研究顾问指导整个工作的进行。

2. 文化产业园区初具规模

当前，在以中华三祖堂为中心的23处遗址遗迹所在的30平方千米范围内，建设了核心区为10平方千米、起步区为5平方千米的中华三祖文化园区，对黄帝城、黄帝泉、蚩尤泉、蚩尤寨等遗址遗迹进行了保护和开发建设。目前，已形成以"一堂（三祖堂）一湖（轩辕湖）、一城（黄帝城）一泉（黄帝泉）一坛（合符坛）"为中心的精品旅游线路。黄帝城遗址文化旅游区已成功晋升为国家AAAA级景区，其中中华合符坛整体景观保护与建设控制范围为18.5平方千米，居国内祭祖圣地之首，祭坛中央有全国最大的龙形雕塑——九龙腾飞柱，象征着56个民族水乳交融，和谐统一，华夏腾飞。2010年3月，河北省政府出台了《河北省文化产业振兴规划(2010～2015年)》，中华三祖文化园区被列入其中，成为省30个重点文化产业项目之一。[4]

3. 积极开拓新的商业模式，丰富产业格局

三祖文化产业在积极开展综合文化旅游项目的基础上，不断开拓新的商业模式。如影视艺术基地模式，与张纪中文化发展有限公司合作建设，总投资2 000多万元，建成占地约

60 亩，总建筑面积近 4 万平方米，《英雄时代》涿鹿影视基地，对轩辕城、神农部落观星台、蚩尤寨、涿鹿古战场四幅历史场景进行艺术复原和建设。并已完成了电视剧的拍摄，相信随着即将与观众见面的电视剧热播，三祖文化景区必将引来更多的国内外观众。主题公园模式，蚩尤文化产业园区 2002 年开始建设，2010 年投入使用，由影视拍摄区、自然观光区、灾害体验区三个功能区组成，形成集观光、旅游、休闲为一体的主题公园。此外，在产业链延伸方面，目前入住中华三祖文化园区的文化产业有涿鹿中华三祖圣地文化产业有限公司、泰子梅艺术馆、黄帝城矿泉水厂、蚩尤泉矿泉水厂、中粮金冠葡萄酒公司等。以三祖文化核心开发的产品有“三祖龙尊”系列白酒、益利公司的“龙之吟”“龙之情”葡萄酒，三祖食品公司开发生产的“三祖”牌速食面、糊糊面等多种产品，以其浓郁的始祖文化特色内涵受到了社会各界消费者的青睐。

4. 社会效益突显

中华三祖圣地景区作为海内外中华儿女寻根祭祖的圣地，自建成以来，多次与港澳台同胞组织开展大型文化交流活动，逐步成为了中华民族血脉相连的凝聚点和感召点。景区接待来自加拿大、美国、法国、韩国等 40 多个国家和地区的华人、国际友人及港澳台同胞 6 万余人次，仅台胞来涿祭祖人数就达3万人次，每年到三祖圣地景区旅游观光的人数平均达40万人次，年收入达5 000万元以上。河北省委副书记赵勇同志在考察后，提出了“中华文明从涿鹿走来”的观点，并将其作为世博会上河北馆介绍城市起源板块的首要内容，向全世界证明了三祖文化在中华文明史上的重要地位。中央电视台和美韩日等电视台先后录制播发有关涿鹿三祖文化专题片，涿鹿成为海内外中华儿女寻根拜祖的精神家园，中国黄帝城景区被列为河北省爱国主义教育基地。

三、经验和启示

三祖文化产业不仅传承了中华民族和谐、爱国的传统文化，而且提高了当地知名度，拉动了地方经济的发展。其成功运作的经验有六。

1. 历史文化资源的保护和开发，要经过严谨的历史考证

三祖文化自1993年提出以来，期间历经李学勤、孟世凯、王北辰等多位知名专家教授的缜密探辨，四届国家级、省级高规格大规模研讨会的严格论证，经过考古挖掘，从文化和史学的高度充分肯定了“三祖文化”的概念和其史学价值，从而确立其在国内独一无二的地位。

2. 深入挖掘历史文化资源的传统文化精神

历史文化资源秉承着中华民族数千年的情感与智慧，

其本身蕴含着丰富的人文情怀与精神信仰。充分总结和提炼历史文化资源的文化精神，赋予其新内涵，将文化以思想资源、智力资源的形式直接渗透、融入经济活动中，才能使历史文化资源在新的时期焕发新的活力。三祖文化身上因融注了中华传统文化中的“和谐”“融合”“团结”“爱国”“落叶归根“等思想而得到海内外中华儿女的共同认可。

3. 以活动带项目的方式是历史文化资源开发的一个有效途径

有品牌和规模化的活动（包括项目）可以成为拉动经济繁荣的重要引擎。涿鹿县以三祖文化为内容，举行了许多有意义的大型活动。如 1997 年香港回归祖国之时举办的“龙脊上的足音”活动，2000 年举办的“澳土归根母子连亲”活动。自 2008 年以来，在国务院台办和省市的支持下，连续五年举办了海内外同胞共拜中华三祖大典。自 1995 年以来，先后召开七届全国性的三祖文化高峰论坛。这些大规模的活动通过聚集人流和商机而取得良好的社会经济效益，吸引了国内外商家投资，如 2012 年引进的大型项目有由华夏幸福基业投资公司投资 2 亿元捐建的中华三祖文化博物馆工程。由河祥房地产公司总投资 8 亿元开发建设的黄帝城综合服务体工程等。[4]

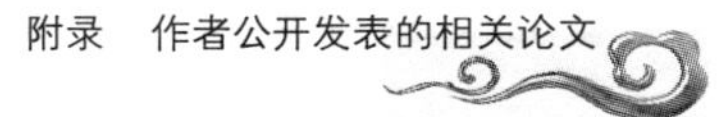

4. 把社会效益放在首位，以完整保护历史文化资源为前提的产业开发思路

三祖文化开发过程中，坚持保护与开发并重，在保护的基础上开发的思路。曾有在黄帝城遗址的所在地矾山镇建县城的建议，有多家京津等地企业与当地政府联系，欲在黄帝城轩辕湖边开发房地产，建高档别墅群。[4]虽然这些项目能很快带来巨大的经济收益，但为了保护文化资源和生态环境，当地政府都否决了。而是首先重视文化资源的社会效益，在取得重大社会效益的同时，扩大知名度，带动整个产业群的发展。三祖文化得到了国家、省各级领导和社会各界的高度关注。

5. 注重包装和宣传

在短短 20 年的时间里，“三祖文化”从初始诞生，默默无闻成为河北省的一个知名文化品牌，甚至成为推动社会发展的无形资产，在于一直坚持通过多种艺术手段和一系列文化产品，深入持久地大力宣传涿鹿这一传统文化元素，积极对三祖文化进行宣传和包装。央视《探索发现》栏目摄制播出了《发现黄帝城》《中华三祖堂》专题片，在海内外引起强烈反响；与张纪中文化传媒公司共同创作了 40 集大型历史剧《英雄时代》，并完成拍摄。中华三祖文化开发建设受到了社会各界的普遍关注，《中国文化报》《文化产业》《河北日报》等专版（刊）报道，新华社、中央电视台、东森电视台、TVBS 和《人民日报》《经济日报》《光明日报》以及人民网、新华网、搜狐网、中国台湾网等几十家国家、省以及台湾岛内主流新闻媒体对中华三祖文化进行了翔实的报道。在 2010 年上海世博会上，中华三祖文化被确定为河北馆介绍城市起源板块“中华文明从这里走来”的第一项内容，向全世界展示了涿鹿黄帝城遗址在全国城市建设史上的重要地位。

6. 发扬地缘优势，加强与首都的文化合作

涿鹿县位于北京西北与北京市门头沟区接壤，地理位置优越，东距北京北三环马甸桥仅 116 千米，涿鹿县文化旅游的一个基本定位就是建设“京西旅游胜地”，将旅游业逐步带入环北京旅游圈。采用“面向北京，依托北京，服务北京，发展自己”的思路，采取与经济发达地区“不拘形式，取长补短，全方位，多层次，宽领域”的文化对接活动，利用自身的文化资源“筑巢引凤”，与北京多家实力雄厚的大公司、大企业成取合作，争取高科技、高附加值的文化项目落足。

四、余论

作为京津冀都市圈，晋冀蒙经济圈的关联要地，张家口市拥有独一无二的区位优势，在产业融合和区域合作的推动下，在以北京文化产业发展为引领的京津冀大区域文化产业战略升级的局面形成的过程中，张家口市充足的资源使其有足够的条件借助这一区位优势实现自身的跨越式发展。[5]三祖文化的保护、开发和利用，为张家口市的历史文化产业发展提供了可供借鉴的经验。与此同时，三祖文化产业的可持续发展也面临着许多问题，如后续产业融投资，产业集群的规模，与突出的社会效益不相适应的经济效益较低，区域合作等问题。其中大多数问题也是张家口市历史文化产业发展面临的共同问题，笔者和课题成员将就这些问题继续进行深入的调查研究，另行撰文，探讨适用于本地经济和本土特色的三祖文化及张家口市历史文化产业可持续发展的路径和对策，为张家口的发展和经济建设贡献绵薄之力。

注释：

①根据任昌华《“三祖文化”始说》一文，见河北省涿鹿县旅游局，涿鹿中华炎黄蚩三祖文化研究会编写《千古文明开涿鹿》一书，内部发行。

参考文献：

［1］陈贵，邓幼明．张家口历史文化丛书之三·丰富的文物［M］．北京：党建读物出版社，2006.

[2]（汉）司马迁．史记（一）五帝本纪［M］．北京：中华书社 1982.

[3] 王北辰．黄帝史迹涿鹿、阪泉、釜山考［J］．北京大学学报（哲学社会科学版），1994（1）：108－115.

[4] 发展中的涿鹿始祖文化产业［J］．文化产业，2010（12）：59－67.

[5] 李瑞杰，刘小平．张家口历史资源的再认识［J］．河北北方学院学报（社会科版），2012（2）：79－82.

参考文献

[1] 国家非物质文化遗产名录，中国非物质文化遗产网，http：//www. chinaich. com. cn/.

[2] 辞源（合订本）[Z]. 北京：商务印书馆，1988.

[3]（宋）孟元老撰，邓之城注. 东京梦华录注 [M]. 北京：中华书局，1982.

[4]（宋）周密著，李小龙. 赵锐评注. 武林旧事 [M]. 北京：中华书局，2007.

[5] 丁世良，赵放. 中国地方志民俗资料汇编·华北卷 [M]. 北京：书目文献出版社，1989.

[6] 赵德利. 关陇社火艺术研究 [M]. 北京：中国社会科学出版社，2012.

[7] 陈贵，安俊杰. 张家口文化丛书·多彩的民俗 [M]. 北京：党建读物出版社，2006.

[8] 胥鼎. 三秦社火 [M]. 张家口：张家口师范大学出版社，2002.

[9] 李新威. 千年古韵蔚州城 [M]. 北京：科学出版

社，2013.

［10］姚伟钧等．从文化资源到文化产业——历史文化资源的保护与开发［M］．武汉：华中师范大学出版社，2012.

［11］王瑶安，刘宗昉．陕西社火脸谱［M］．上海：上海远东出版社，2010.

［12］王杰文．仪式、歌舞与文化展演——陕北·晋西的“伞头秧歌”研究［M］．北京：中国传媒大学出版社，2006.

［13］李智信．社火溯源［J］．青海民族研究，2008，4，117－121.

［14］李智信．西周初年的大和会与现代社火［J］．青海民族研究，2010（4）.

［15］赵世瑜．明清华北的社与社火——关于地缘组织、仪式表演以及二者的关系［J］．中国史研究，1999（3）.

［16］王琼．关中民间社火与宗教祭祀源探［J］．河北社会科学，2012（11）.

［17］王岁孝．关陇社火民俗的文化渊源［J］．戏剧文学，2014（1）.

［18］李继友．中国张家口社火脸谱［M］．上海：上海人民美术出版社，1989.

［19］张家口市非物质文化遗产保护中心，张家口市非物质文化遗产集成（第一辑）.

［20］姚欣杰．宝鸡陈仓黑社火调查研究［D］．西安：陕西师范大学，2009.

［21］王琼．人牲与血祭：宝鸡血社火的地缘历史文化追溯［J］．宝鸡文理学院学报（社会科学版），2011（5）.

［22］任亚娟．山西运城市“背冰亮膘”研究［D］．临汾：山西师范大学，2012.

［23］杨继东．峨口挠阁：流传代县的“百戏杂艺”［J］．中国文化遗产，2007（6）.

［24］王林．灵宝东西常骂社火研究［D］．开封：河南大学，2008.

［25］赵德利．和谐的节庆狂欢——论关陇社火的文化特点［J］．文艺争鸣，2011（3）.

［26］屈社明．宝鸡社火研究［J］．海峡教育研究，2013（1）.

［27］贺鹏，詹秦川．马勺社火脸谱纹样的符号学意义［J］．美与时代，2010（1）.

［28］杨云．晋南社火与民间舞蹈文化传承［J］．北京舞蹈学院学报，2005（4）.

［29］杨天奇．社火曲艺的价值和问题研究——青海社火为例［J］．原生态民族文化学刊，2013（1）.

［30］赵建昌．基于居民感知的关陇地区社火与乡村文化

建设调查研究 [J]. 江西农业学报, 2012 (6).

[31] 曹斌. 论社火的功用——以关陇社火为中心 [J]. 宝鸡文理学院学报 (社会科学版), 2011 (10).

[32] 张兵强. 村落社火活动的文化功能探析——以甘肃省静宁县威戎镇新胜村社火为例 [D]. 兰州: 兰州大学, 2011.

[33] 余永红. 非物质文化遗产视野中的民间社火现状及保护问题 [J]. 社会科学论坛, 2009 (2) 下.

[34] 王岁孝. 冀西北社火民俗及旅游开发对策 [J]. 宝鸡文理学院学报, 2010 (1).

[35] 孔伟等. 生态文明视角下县域生态旅游产业发展研究——以河北怀来县为例 [J]. 河北北方学院学报 (社科版), 2014 (2).

[36] 徐嵩龄. 怎样认识风景资源的旅游经营——评"风景名胜区股票上市"论争. 旅游学刊, 2000 (3).

[37] 刘玉玖, 吴珍燕. 隆德高台的发展现状与传承保护 [J]. 宁夏师范学院学报, 2014 (4).

[38] 陈丽. 定襄高跷艺术特征研究 [D]. 太原: 山西大学, 2015.

[39] 郝培琳. 非物质文化视角影响下城镇形象设计的研究——以陈县社火为例 [D]. 西安: 西安建筑科技大学, 2015.

[40] 郝翔. 非物质文化遗产视角下咸阳民间社火生存空

间的保护研究［D］. 西安：西安建筑科技大学，2015.

［41］王春英. 个案探讨宝鸡社火的传承与发展［J］. 民族传统体育，2014（21）.

［42］程鹏民. 关中地区民间舞蹈发展现状［J］. 音乐天地，2013（12）.

［43］吕晶. 陇州社火传随与传统村落空间保护［D］. 西安：西安建筑科技大学，2015.

［44］王会战. 民俗节庆吕游开发与非物质文化保护互动模式研究［J］. 中华文化论坛，2014（9）.

［45］李新. 民族复兴背景下民俗展的必要性——以西安地区社火为例［J］. 艺术科技，2014（7）.

［46］孙旭. 社火盘出的世界——陇中城子川社火活动的文化与象征意义［J］. 西南民族大学学报，2015（7）.

［47］王秀宏等. 文化遗产类区域品牌构建——以平遥古城为例［J］. 太原理工大学学报，2015（10）.

［48］血社火民俗的"行为表达"与"事件性"特征——以山西省洪洞县"小河拆楼"为个案，［J］. 山西师大学报，2015（5）.

［49］刘超，刘明. 中国乡村传统文化活动及其治理功能——基于陕西D村的个案研究［J］. 湖南农业大学学报（社会科学版），2015（4）.

[50] 刘涛，钱钰．影视传播与“活化”遗产——以社火题材电影为例 [J]. 传媒，2015 (8).

[51] 乔玉光．发展与危机：国外民族传统文化保护经验的启示与思考 [J]. 内蒙古师范大学学报（哲学社会科学版），2006 (3).

[52] 冉文伟．国外保护和发展民俗经验与启示 [J]. 中共青岛市委党校 青岛行政学院学报，2013 (3).

[53] 何薇．把握乡村旅游文化特性深挖民俗文化内涵——以成都三圣乡为例 [J]. 乐山师范学院，2004 (2).

[54] 吴育标，陈方正．民俗文化保护与旅游开发之间的辩证关系及保护主题的选择 [J]. 贵州民族研究，2009 (6).

[55] 许黎等．乡村旅游开发与生态文明建设融合发展探讨 [J]. 地理与地理信息科学，2017 (6).

[56] 张洁．我国乡村旅游可持续发展研究 [D]. 天津：天津大学，2007.

[57] 胡柳．乡村旅游精准扶贫研究 [D]. 武汉：武汉大学，2016.

[58] 陈天富．美丽乡村背景下河南乡村旅游发展问题与对策 [J]. 经济地理，2017 (11).

[59] 李娟．新型城镇化视域下中国乡村文化及其产业化问题研究 [J]. 学术交流，2014 (11).

后　记

书稿终于要付梓出版，“后记”却一拖再拖。本书是我2014年河北省社会科学基金项目“冀西北地区社火研究”（项目编号：HB14SH042）的最终成果，“后记”之所以迟迟不愿意动笔，是因为我对最终的成果是不满意的，觉得调研还不够充分，研究还不够深入，书稿缺乏深度，一些想法和内容还没有来得及补充，等等。但课题立项起至今已经4年之久，一直效率低下，进展缓慢，固然因为“社火”是个“大”题目，研究的内容多，调研工作量大，但更多还是因为自己学力水平低，又拖沓散漫，对时间抓得不紧所致。今日，虽有众多的缺陷和遗憾，但也抱有缺憾地把这一不成熟、幼稚和丑拙的小作先交付出版了。

在本书中，我曾说过，社火是“乡愁”的载体，其实，它首先承载了我浓浓的乡愁。在70年代农村孩子的生命里，最隆重盛大、快乐幸福的节日莫过于春节，而春节最红火热闹、喜庆好看的莫过于社火，社火是我童年最美好深刻的记忆。而我，还曾是社火队里最小的演员，扭过秧歌，扮过大头娃，踩过高跷，骑过毛驴。有了社火，最寒冷的冬日里就有了最热烈的期盼，最灰暗的岁月里就有了最绚丽的色彩。记得那时候妈妈特别赞成和支持我去练社火、耍社火。一则是因为当时我是个小小女孩，身体协调性较好，大眼圆脸，装扮起来粉妆玉琢，扭起秧歌就特别好看，演出时别人对我的指点夸赞就成了妈妈特别的骄傲；二是去社火队每天会发给演员们一到两个烧饼做干粮，那时候物质贫乏，只能吃些玉米面等粗粮，烧饼也是不多的可以吃得到的美食。此外，大队上（现在叫作村委会）还给社火演员记工，可以顶家里的义务工（所谓义务工就是分派到每家人头上的需要义务为公家干的工作，比如植树、修路等等）。其实，那时候的家长都支持孩子去耍社火，所以全村的老老少少都会积极参加，阵容非常庞大。不过，妈妈不太喜欢我踩高跷，觉得这个有点危险，任何有危险的事情妈妈都是禁止做的，虽然是农村的孩子，从小我却是被宝贝得紧，父母一年四季都快要累死在农田里了，妈妈却从来没有让我下过地、干过活。不知怎么的，我特别痴迷上了高跷，好在也没怎么摔过跤，只有一次比较严重。在大队院里练习，另外一个踩高跷的伙伴摔倒了，结结实实地把我砸到地上，没记得身上有多大疼痛，只心疼过年的新裤子都摔烂了。我不敢回家，跑到三娘家里，

三娘把裤子里面垫上布，用缝纫机布轧好，回到家妈妈也没有骂我。现在，爸爸妈妈都已经离开我十多年了，我也只有在春节时回去看望一下三大（三叔）和三娘，三大长得和爸爸极像，越老越像，而三娘每每也让我感受到妈妈的温暖。

后来，我16岁外出读书，20岁又留在了张家口市区工作，之后机缘之下调到高校工作。我没有受过系统的高等教育，也根本谈不上学者。多少年来只是凭着对中国优秀传统文化的热爱而在古典文学、优秀地方文化的园地里摸索探寻，汲取营养。二三十年间，我眼看着家乡社火举办得越来越少，甚至一个时期销声匿迹，又眼看着最近几年来乡下又红红火火地举办社火了，眼看着许多自己少小熟悉的社火样式，如“打棍”“蹦鼓子”从乡间田野走向城市的一些演出现场，甚至上了电视了，心里就一直酝酿着想做“社火”这样的一个研究课题。2014年，这个题目有幸被列为河北省社会科学基金项目，在课题的研究过程中，得到太多人的帮助，感谢河北北方经管学院领导给予的大力支持，本书的出版经费是由河北北方学院河北省重点发展学科“农业经济管理”资金资助的；感谢张家口市文广新局副局长张佃山先生、万全区文联主席张振山先生、万全广电新局局长高贵先生、蔚县博物馆馆长李新威先生，怀安县文化局谢绍坤先生、宣化区宣传部程建国等的支持帮助；感谢我的师妹、经济科学出版社编辑刘莎女士为书稿出版所做的大量工作。

小书虽有太多不尽如人意之处，却也承载了我许多心血和情怀。我爱家乡的社火，爱祖祖辈辈生活在这片土地上的亲人朋友，我将努力为家乡的文化事业尽自己一点绵薄之力，愿家乡张家口的明天更加美丽！

由于功底太弱，学力太差，不足之处敬请大家指教！

梁俊仙

2018 年春